高等职业教育经管通识课程精品教材

约创——ERP 模拟操作实务

主　审　张玉强　周文杰
主　编　季　芳
副主编　张　莹　及进革
　　　　张铁英　王　丹
参　编　马丽娟　卜宪锋　杨　曦
　　　　洪林青　于翠翠　董希远
　　　　郭彦涛

北京理工大学出版社
BEIJING INSTITUTE OF TECHNOLOGY PRESS

版权专有　侵权必究

图书在版编目（CIP）数据

约创：ERP模拟操作实务/季芳主编. —北京：北京理工大学出版社，2020.6
（2023.7重印）
　ISBN 978-7-5682-8600-8

Ⅰ.①约… Ⅱ.①季… Ⅲ.①企业管理–计算机管理–系统　Ⅳ.①F272.7

中国版本图书馆CIP数据核字（2020）第106328号

出版发行 / 北京理工大学出版社有限责任公司	
社　　址 / 北京市海淀区中关村南大街5号	
邮　　编 / 100081	
电　　话 /（010）68914775（总编室）	
（010）82562903（教材售后服务热线）	
（010）68944723（其他图书服务热线）	
网　　址 / http：//www.bitpress.com.cn	
经　　销 / 全国各地新华书店	
印　　刷 / 北京虎彩文化传播有限公司	
开　　本 / 710毫米×1000毫米　1/16	责任编辑 / 封　雪
印　　张 / 12	文案编辑 / 毛慧佳
字　　数 / 230千字	责任校对 / 刘亚男
版　　次 / 2020年6月第1版　2023年7月第4次印刷	责任印制 / 施胜娟
定　　价 / 36.00元	

图书出现印装质量问题，请拨打售后服务热线，本社负责调换

前 言

《约创——ERP 模拟操作实务》是由河北对外经贸职业学院与新道科技股份有限公司共同编写的一本实践课教材。本书强调理论与实践相结合，注重对学生实践能力的开发与培养，普遍适用于高职院校财经商贸类专业的学生，也可作为一线工作人员以及广大社会读者学习 ERP 的参考书。

本书语言通俗易懂，文字表达清楚、严谨，结构紧凑、重点突出，举例具有较强的代表性，注重前后两个部分承上启下的逻辑性联系；强调"教—学—做"一体化，注重边理论、边实践、边反馈；设计了多个符合学生身心发展特点的"团队工作"，增加了学习的趣味性，充分体现了"快乐学习"的理念；注重对学生团队精神的培养，体现团队学习与团队合作的理念，让学生在团队中完成各项工作；注重教学资源的立体化开发，将教材、平台、PPT 等有机融为一体。

本书内容精炼，易于学习，针对性强，并且与行业发展紧密衔接，注重将职业发展中的新技术、新思维、新要求引入课本。本书包括两个部分九个章节。第一部分 ERP 沙盘模拟经营包括五章内容：第一章认识 ERP，主要讲解 ERP 的由来、企业模拟经营沙盘的基本情况以及如何初步组建模拟企业；第二章构建模拟公司，主要讲解制定企业目标，ERP 沙盘模拟电子沙盘的初始设置，以及 ERP 沙盘模拟电子盘面的构成；第三章模拟运营规则，主要讲解模拟企业融资投资和运营规则，以及利息、贴现、折旧、所得税等相关基本操作和计算方法；第四章起始年运营模拟，主要讲解模拟经营操作流程，起始年任务清单以及填写财务报表的要求；第五章模拟实战案例，主要讲解近年来 ERP 沙盘模拟大赛的案例。第二部分约创包括四章内容：第六章约创平台的特点及其登录操作简介，主要讲解约创平台及其登录操作相关内容；第七章约创基本规则，主要讲解各个岗位的任务以及执行中的基本规则；第八章起始年运营，主要讲解开始运营后的运行时间分配，市场预测以及各项业务的主要内容；第九章案例分析，主要讲解某沙盘案例是如何进行市场预测和产品分析以及第一年至第四年的经营关键点数据分析的。

本书由校企双方的实践专家和 ERP 沙盘的研发专家共同编写和审定，具体分工如下：季芳担任主编，负责全书的筹划与部分章节的撰写工作；张莹、及进革、张铁英与王丹担任副主编，负责部分章节的撰写工作；马丽娟、卜宪锋、杨曦、洪林青、于翠翠、董希远、郭彦涛参编，负责收集、整理素材以及实地考察工作；张玉强、周文杰担任主审，负责全书的审阅与修改工作。

  本书在编写过程中，充分参考了国内优秀的 ERP 模拟实训教材、论文以及其他相关材料。在此，向相关作者表示感谢！

  由于编者学识、经验的局限，本书在编写过程中难免出现错误和纰漏，敬请专家、同仁和广大师生批评指正。

编　者

目　录

第一部分　ERP 沙盘模拟经营 ………………………………………… (1)
  第一章　认识 ERP ………………………………………………………… (3)
    一、ERP 简介 …………………………………………………………… (3)
    二、ERP 沙盘模拟课程特点及其主要知识点 ………………………… (9)
    三、ERP 沙盘模拟课程的教学过程 …………………………………… (10)
    四、ERP 沙盘模拟工具与教学现场效果 ……………………………… (12)
  第二章　构建模拟公司 …………………………………………………… (15)
    一、组建团队 …………………………………………………………… (15)
    二、初始状态设定 ……………………………………………………… (21)
    三、ERP 电子沙盘盘面介绍 …………………………………………… (30)
  第三章　模拟运营规则 …………………………………………………… (47)
    一、融资活动规则 ……………………………………………………… (47)
    二、投资活动规则 ……………………………………………………… (50)
    三、运营活动规则 ……………………………………………………… (54)
    四、网赛规则 …………………………………………………………… (61)
  第四章　起始年运营模拟 ………………………………………………… (63)
    一、年初准备工作 ……………………………………………………… (63)
    二、每季工作 …………………………………………………………… (68)
    三、年末工作 …………………………………………………………… (75)
    四、编写报表 …………………………………………………………… (76)
  第五章　模拟实战案例 …………………………………………………… (81)
    第十四届 ERP 沙盘模拟大赛河北省省赛实战案例 1 ………………… (81)
    第十四届 ERP 沙盘模拟大赛河北省省赛实战案例 2 ………………… (97)

第二部分　约创 ………………………………………………………… (109)
  第六章　约创平台的特点及其登录操作简介 …………………………… (111)
    一、约创平台的特点 …………………………………………………… (111)
    二、约创平台登录操作简介 …………………………………………… (112)

第七章　约创基本规则 …………………………………………（123）
　一、基本经营思路 ………………………………………………（123）
　二、各岗位介绍 …………………………………………………（123）
第八章　起始年运营 ……………………………………………（149）
　一、经营运行时间 ………………………………………………（149）
　二、了解详情和市场预测 ………………………………………（149）
　三、年初运营 ……………………………………………………（150）
　四、年中运营 ……………………………………………………（157）
　五、年末运营 ……………………………………………………（167）
第九章　案例分析 ………………………………………………（171）
　一、市场预测分析 ………………………………………………（171）
　二、规则分析 ……………………………………………………（173）
　三、案例分析 ……………………………………………………（175）
　四、案例总结 ……………………………………………………（183）

参考文献 ……………………………………………………………（185）

第一部分

ERP沙盘模拟经营

第一章

认识 ERP

一、ERP 简介

(一) ERP 沙盘的由来

"沙盘"一词，起源于战争模拟推演，它采用各种模型来模拟战场的地形及武器装备的部署情况，通过模拟推演敌我双方在战场上的对抗与较量，发现对方战略战术上的弱点，从而制定有效的作战方案。早在我国古代，沙盘就有了雏形，《史记·秦始皇本纪》中有记载："以水银为百川江河大海，机相灌输，上具天文，下具地理。"据说在部署灭六国的计划时，秦始皇亲自堆置沙盘研究各国的地理形式，在李斯的辅佐下，派大将王翦发动统一战争。后来，秦始皇在修建陵墓时，墓中堆塑了一个大型的地形模型。以地形模型作为殉葬品，说明秦始皇从统一战争中认识到地形的重要。模型中不仅砌有高山、丘阜、城邑等，还以水银模拟江河、大海，用机械装置使水银流动循环。可以说，这是最早的沙盘模型，距今已有2 200多年的历史。北宋著名科学家沈括发展了沙盘制作方法，把宋朝与契丹（辽）接壤的延边地形制成木质地形模型。为方便起见，后来又改为将石粉糊木屑撒在木面板上。他所在的定州冬天寒冷，木屑容易脱落，于是又改为融蜡制作，报送皇上，宋神宗看后甚为满意，下诏边疆各州俱效法制作。

战争沙盘模拟推演跨越了实兵军演的巨大成本障碍和时空限制，在重大战争中得到了普遍运用，其推演效果在第二次世界大战中更是发挥到了极致。今天，沙盘推演已经得到普遍推广，随着现代信息化技术的发展，出现了能够实时、动态反映客观对象情况的电子沙盘，ERP 沙盘模拟就是其中的一种。

ERP 沙盘模拟自从1978年被瑞典皇家工学院的 Klas Mellan 开发之后，迅速风靡全球。现在国际上许多知名的商学院（如哈佛商学院、瑞典皇家工学院等）和一些管理咨询机构都在用 ERP 沙盘模拟演练对职业经理人、工商管理硕士、经济管理类学生进行培训，以期提高他们在实际经营环境中决策和运作的能力。

(二) ERP 沙盘简介

ERP (Enterprise Resources Planning, 公司资源计划) 其概念是由美国著名咨询公司 Gartner Group (加纳特集团) 于 20 世纪 90 年代首次提出的。ERP 由概念发展到实际应用,经过了 20 多年。目前,世界 500 强公司中有 80% 以上都已实施了 ERP 系统。

ERP 以系统化的管理思想,对公司的所有资源进行计划、控制和管理。公司资源(图 1-1)包括厂房、设备、物料、资金、人员等,还包括公司上游的供应商和下游的客户等。

图 1-1 公司资源

ERP 沙盘模拟按照制造公司的职能部门划分职能中心,包括营销与规划中心、生产中心、物流中心和财务中心。各职能中心涵盖了公司运营的所有关键环节,以战略规划、资金筹集、市场营销、产品研发、生产组织、物资采购、设备投资与改造、财务核算与管理等几部分为设计主线,把公司运营所处的内外环境抽象为一系列的规则。本书由 4~5 名学生组成一个团队合作完成一个制造型公司,从建厂开始,投入生产到正常运营经历完整的 6 年模拟公司运营,同时完成 8~10 个相互竞争的模拟公司。模拟经营→对抗演练→教师评析→学生感悟等一系列的实训环节,将理论与实践融合为一体、集角色扮演与岗位体验于一身,使学生在分析市场、制定战略、营销策划、组织生产、财务管理等一系列活动中参悟科学的管理规律,培养团队精神,全面提升管理能力,同时,也对公司资源的管理过程有一个实际的体验。公司模拟经营沙盘实训过程如图 1-2 所示。

图 1-2 公司模拟经营沙盘实训过程

通过公司模拟经营沙盘对抗,学生要在 6 年的模拟经营中,在客户、市场、资源及利润等方面进行一番真正的较量。这种模拟经营有助于学生形成宏观规划、战略布局的思维模式。通过这种模拟经营，学生可以对生产公司各环节的业务达成一致的理性及感性认识，形成共通的思维模式和能够促进沟通的共同语言。公司模拟经营沙盘对抗可以帮助学生站在高层领导的角度认清公司运营状况，建立公司运营的战略视角，了解公司中物流、资金流、信息流如何做到协调统一，认识到使用ERP系统对于提升公司管理的价值；可以帮助学生站在经理的角度了解整个公司的运作流程，增强全局和长远策略意识，了解各部门决策对公司业绩产生的影响，同时，理解如何用ERP系统处理各项业务并提高决策的准确性；可以帮助学生站在一线主管的角度上认识公司资源的有限性和公司一线生产研发等部门之间的紧密联系，从而提升其策略性思考的能力，提高与下属沟通的技巧；可以帮助学生站在公司员工的角度从市场、财务、业务、工作流等相关方面深入了解公司资源运营模式。

（三）ERP 的发展历程

1. ERP 的四个发展阶段

（1）订货点法（图 1-3）。

20 世纪 40 年代初期，西方经济学家通过对库存物料随时间推移而被使用和消耗的规律进行了研究，提出了订货点法（Order Point，OP）的理论，并将其方法运用于公司的库存计划管理中。

公司控制物料的需求通常采用控制库存物品数量的方法，为需要的每种物料设置最大库存量和安全库存量。最大库存量是为库存容量、库存占用资金的限制而设置的。安全库存量又称最小库存量，物料的库存量不能小于安全库存量。库存量降低到安全库存时，发出的订单所定购的物料（产品）刚好到达仓库，补充上前一时期的消耗，此一订货的数值点，即称为订货点。由于物料到达仓库需要一定的时间，因此不能等到物料的库存量降到安全库存量时才订货，必须预留出提前量。也必须在安全库存量的基础上增加一定数量的库存。这个库存量作为物料订货期的供应量，即应该满足这样的条件：当物料供应到货时，物料的消耗刚好到达安全库存量。这种控制模型必须确定两个参数，订货点与订货批量。

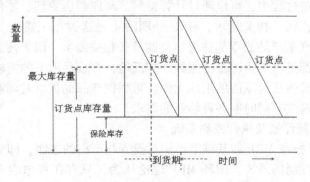

图 1-3 订货点法

订货点法具有一定的局限性。例如，某种物料库存量虽然降低到了订货点，但公司可能在近一段时间没有收到新的订单，因此近期没有新的需求产生，暂时可以不用考虑补货。故订货点法也可能造成库存积压和资金占用的情况。

（2）物料需求计划

物料需求计划（Material Requirement Planning，MRP）是由美国库存协会在20世纪60年代初提出的。之前，公司的物料库存计划通常采用订货点法，当库存水平低于订货点时，就开始订货。这种管理办法适用于物料消耗量平稳的情况，不适用于订单的生产。由于计算机技术的发展，有可能将物料分为相关需求（非独立需求）和独立需求来进行管理。相关需求根据物料清单、库存情况和生产计划制定出物资的相关需求时间表，按所需物资提前采购，这样就可以大大降低库存了。

MRP即根据产品结构各层次物料的从属和数量关系，以每个物品为计划对象，以完工时期为时间基准倒排计划，按提前期长短区别各个物料下达计划时间的先后顺序，是一种工业制造公司内的物料计划管理模式。MRP是指根据市场需求预测和客户订单制定产品的生产计划，然后基于产品生成进度计划，组成产品的材料结构表和库存状况，通过计算机计算所需物料的需求量和需求时间，从而确定材料的加工进度和订货日程的一种实用技术，主要内容包括客户需求管理、产品生产计划、原料计划以及库存记录。其中，客户需求管理包括客户订单管理及销售预测，将实际的客户订单数与科学的客户需求预测相结合即能得出客户的需求以及数量。

MRP的主要思想是打破产品品种台套之间的界线，把公司生产过程中所涉及的所有产品、零部件、原料、中间件等，在逻辑上视为相同的物料；在MRP系统中，"物料"是一个广义的概念，泛指原料、在制品、外购件以及产品。把所有物料分成独立需求（Independent Demand）和相关需求（Dependent Demand）两种类型。若某种需求与对其他产品或零部件的需求无关，则称为独立需求。独立需求来自公司外部，其需求量和需求时间由公司外部的需求决定，如客户订购的产品、售后用的备品备件等。其需求量一般通过预测量和订单量来确定，可按订货点法处理。若对某些项目的需求取决于对另一些项目的需求，则这种需求为相关需求。相关需求发生在制造过程中，可以通过计算得到。对原料、毛坯、零件、部件的需求均来自制造过程，属于相关需求，MRP处理的正是这类相关需求。例如，汽车与零部件的关系。汽车产品的零部件与物料就具备相关需求，因为任意时刻所需零部件与原料的总量都是汽车生产量的函数。相反地，产成品汽车的需求则是独立性需求——汽车并非其他任何东西的组成元件。可根据产品的需求时间和需求数量进行展开，按时间段确定不同时期各种物料的需求。

（3）生产资源计划及执行控制系统

闭环MRP是指在MRP的基础上增加对投入与产出的控制，即对公司的能力进行校检、执行和控制的系统。闭环MRP理论认为，只有在考虑能力的约束，或者对能力提出需求计划，满足能力需求的前提下，MRP才能保证物料需求的执行和实现。在这种思想要求下，公司必须对投入与产出进行控制，即对公司的能力进行校检和执行控制。

MRP 系统的正常运行，需要有一个现实可行的主生产计划。它除了要反映市场需求与合同订单以外，还必须满足公司的生产能力约束条件，因此，基本 MRP 系统进一步发展，把能力需求计划、执行及控制计划的功能也包括进来，形成一个环形回路，即闭环 MRP。闭环 MRP 是一个完整的生产计划与控制系统。

在闭环 MRP 系统中，把关键工作中心的负荷平衡称为资源需求计划或粗能力计划，它的计划对象为独立需求件，主要面向的是主生产计划；把全部工作中心的负荷平衡称为能力需求计划或详细能力计划，而它的计划对象为相关需求件，主要面向的是车间。

整个闭环 MRP 系统为公司根据发展的需要与市场需求来制定公司生产规划；根据生产规划制定主生产计划，同时，进行生产能力与负荷的分析。该过程主要是针对关键资源的能力与负荷进行分析的过程。只有通过对该过程的分析，才能达到主生产计划基本可靠的要求。再根据主生产计划、公司的物料库存信息、产品结构清单等信息来制定物料需求计划；由物料需求计划、产品生产工艺路线和车间各加工工序能力数据（即工作中心能力，其有关的概念将在后面介绍）生成对能力的需求计划，通过对各加工工序的能力平衡，调整物料需求计划。如果这个阶段无法平衡能力，那么还有可能修改主生产计划；采购与车间作业按照平衡能力后的物料需求计划执行，并进行能力的控制，即输入输出控制，并根据作业执行结果反馈到计划层，因此，闭环 MRP 能较好地解决计划与控制问题，是计划理论的一次大飞跃（但它仍未彻底解决计划与控制问题）。

（4）制造资源计划。

制造资源计划（Manufacture Resource Planning，MRP）Ⅱ是制造资源计划，它是对制造业公司的生产资源进行有效计划的一整套生产经营管理计划体系，是一种计划主导型的管理模式。MRP Ⅱ是闭环 MRP 的直接延伸和扩充，是在全面继承 MRP 和闭环 MRP 基础上，纳入公司宏观决策的经营规划、销售、采购、制造、财务、成本、模拟功能和适应国际化业务需要的多语言、多币制、多税务以及计算机辅助设计（CAD）技术接口等功能，形成的一个全面生产管理集成化系统。

20 世纪 60 年代，人们在计算机上实现了 MRP。它主要用于库存的控制，可在数周内拟定零件需求的详细报告，可用来补充订货及调整原有的订货，以满足生产变化的需求；20 世纪 70 年代，为了及时调整需求和计划，出现了具有反馈功能的闭环 MRP，把财务子系统和生产子系统结合为一体，采用"计划"－"执行"－"反馈"的管理逻辑，有效地对生产各项资源进行规划和控制；20 世纪 80 年代末，人们又将生产活动中的主要环节销售、财务、成本、工程技术等与闭环 MRP 集成为一个系统，成为管理整个公司的一种综合性的制定计划的工具。美国的 Oliver Wight 把这种综合的管理技术称为 MRP Ⅱ。它可在周密的计划下有效地利用各种制造资源，控制资金占用，缩短生产周期，降低成本，实现公司整体优化，以最佳的产品和服务占领市场。采用 MRP Ⅱ 之后，一般可在以下方面取得明显的效果：库存资金降低 15% ~ 40%；资金周转次数提高 50% ~ 200%；库存盘点误差率降低到 1% ~ 2%；短缺件减少 60% ~ 80%；劳动生产率提高 5% ~ 15%；加班工作量减少 10% ~ 30%；按期交货率达 90% ~ 98%；成本下降 7% ~ 12%；采购费用降低 5% 左右；利润增加 5% ~ 10%，等等。此外，MRP Ⅱ 还可使管理人员从复杂的事务中解脱出来，真正把精力放在提高管理水平上，解决管理中存在的实质性问题。

2. ERP 在国内的发展

1981 年，沈阳第一机床厂从德国工程师协会引进了第一套 MRP Ⅱ 软件，至今已有 30 多年。该软件应用的主要行业有机械 24.4%、汽车 17.3%、电子 15.5%、石化 11.1%、医药 8.4%、烟草 7.0%、消费类产品 6.1%、其他 10.2%。MRP Ⅱ 和 ERP 在中国的推广与应用经历了三个阶段。

第一阶段从 1981 年至 1989 年，主要是 MRP Ⅱ 的引进、实施和应用，范围主要是传统的机械行业。由于当时我国的经济环境处于以计划经济为主、市场调节为辅时期，国有公司参与市场竞争的意识不强，公司基础管理落后，因此，制造资源利用率低。为改变这种状况，我国从国外引进了 MRP Ⅱ 软件，如沈阳第一机床厂引进德国工程师协会提供的 INTEPS 软件，实施了以 MRP 为中心的计算机辅助生产管理系统，取得了相当大的成效；沈阳鼓风机厂引进 TBM 公司的 COPICS 软件，经过消化吸收，开发了适应本厂条件的 MRP Ⅱ 软件。软件系统的引进，标志着我国 MRP Ⅱ 产业进入萌芽状态。

但是，由于当时国内缺乏 MRP Ⅱ 的应用与实施经验，并且引进的软件大都没有完成本地化工作，缺少相应的技术支持和服务，因此在许多方面进行了大量的二次开发。从整体上看，公司取得的效益不显著。

第二阶段从 1990 年至 1996 年，国家"863"计划计算机/现代集成制造系统（CIMS）应用示范工程在很大程度上推动了我国制造业应用 MRP Ⅱ 的进程。MRP Ⅱ 作为制造业的管理信息系统明确被列为 CIMS 的四个功能分系统之一，并因效益的显著性而被推荐优先和重点实施。有覆盖十多个行业的 200 多家国有公司在实施 CIMS 工程。其中，许多公司采用了 MRP Ⅱ 系统，如沈阳飞机制造公司、成都飞机制造公司、上海飞机制造公司等。计算机系统多采用先进的客户机/服务器的体系结构，使 MRP Ⅱ 系统在 CIMS 环境下更上了一个台阶，并给公司带来了较大的经济效益。

此阶段，MRP Ⅱ 的应用取得了较大的成绩，但尚且存在许多不足，例如：

(1) 公司在选择 MRP Ⅱ 时缺乏整体规划，造成后续全面集成的困难；

(2) 应用范围、应用水平不高；

(3) 管理范围和功能局限于公司内部；

(4) 由于项目的管理，存在实施周期长、实施效果不佳等缺陷。

第三阶段从 1997 年至今，由于信息技术的发展，ERP 已逐渐取代 MRP Ⅱ，成为管理软件的主导产品。随着国外厂商（如 SAP、ORACLE、BAAN）的不断涌入，以及国内软件厂商进入 ERP 市场开发，国内许多知名国有公司（如长虹集团、红塔集团）纷纷实施 ERP 项目，ERP 的应用进入了发展阶段。应用范围也从制造业扩展到第二和第三产业，并且经过不断的实践探索，应用效果也得到了提高。

我国 MRP Ⅱ 到 ERP 的应用，经历了几十年的风风雨雨。从目前已实施 ERP 的公司来看，实施成功的仅占 10%~20%，局部应用成功的占 30%~40%，约 50% 公司的 ERP 应用是失败的。在国有公司中，ERP 实施成功的比例更低。

二、ERP 沙盘模拟课程特点及其主要知识点

（一）ERP 沙盘模拟课程特点

ERP 沙盘模拟课程是一种全新的教学模式，为学生理解公司实际运营和 ERP 实施提供了一个实战仿真平台。具体来说，该课程的特点有以下几个：

1. 直观性

ERP 沙盘模拟课程以沙盘教具为载体，将公司资源状况和管理流程全部展示在模拟沙盘上，把复杂、抽象的 ERP 管理理论以最直观的方式呈现，使枯燥的理论学习变成鲜活的管理实践，易于学生接受和理解；同时，身临其境的感官体验能够激发学生的学习兴趣和主观能动性。

2. 实战性

ERP 沙盘模拟课程让学生直接参与公司经营，通过"做"来"学"，即在参与中学习，强调"先行后知"，基于实战模拟理解管理思想，掌握经营规范，提升商务技巧，在实战中培养管理人才。

3. 竞争性

ERP 沙盘模拟课程采用团队对抗的形式进行训练。参加实训的学生被分为若干个小组，分别代表同一行业中存在竞争关系的不同公司。在模拟运营的连续若干年中，各个小组面对同行竞争、市场与产品单一、资金与产能不足等困境，需要使出浑身解数，在获取资源、占领市场、争夺订单及赢得利润等方面进行较量。

4. 协作性

每个小组由 4~5 名学生组成，这些学生分别担任公司经营过程中需要的主要管理者，如总经理、财务总监、营销总监等，他们各司其职、各负其责、凝心聚力、共谋发展。在模拟对抗中，学生将遇到公司经营中经常出现的各种典型问题，他们必须一同发现机遇，分析问题，制定决策，实现公司资源的有效协调与配置，使公司流畅运转，取得商业上的成功并持续成长。

5. 自主性

ERP 沙盘模拟课程以教师为主导，以学生为主体。学生组成的经营团队主导课堂的进度和走向，教师由"教学"变为"导学"；学生有充足的自由来思考和尝

试公司经营的重大决策,体会市场竞争的残酷和公司经营的不易,感受承担责任的乐趣与艰辛,在参与和体验中实现从知识到技能的转化,在操盘后的总结交流中还可以完成从实践到理论的二次升华。

6. 综合性

ERP 沙盘模拟课程涉及公司的人、财、物、产、供、销等经营环节,经历市场分析、制定战略、营销策划、组织生产、现金预算、投融资管理等一系列关键环节,要求学生综合运用战略管理、营销管理、财务管理、生产管理与物流管理、人力资源管理等多个学科领域的知识,并在实践中将所学知识得以融会贯通,为相关学科知识的衔接提供一个平台。

(二) ERP 沙盘模拟课程的主要知识点

ERP 沙盘模拟涵盖了管理学科主干课程中大部分重要知识点,是对传统课堂教学的补充和完善,ERP 沙盘模拟主要知识点见表 1-1。

表 1-1 ERP 沙盘模拟主要知识点

项目	内容
战略管理	公司环境分析、SWOT 分析、平衡记分卡
营销管理	市场开拓、广告投放、营销组合、竞争对手分析、市场机会发现、产品组合、产品生命周期理论
财务管理	会计核算、投资策略、融资策略、现金预算、杜邦分析、全成本核算
生产与物流管理	生产计划、设备管理、质量认证体系、库存管理、准时制生产方式、采购管理
人力资源管理	团队建设、岗位考核、团队合作
信息管理、ERP	系统管理、信息集成、信息化工具应用

三、ERP 沙盘模拟课程的教学过程

(一) ERP 沙盘模拟课程的内容

1. 深刻体会 ERP 的核心理念

(1) 感受管理信息对称状况下的公司运作。

(2) 体验统一信息平台下的公司运作管理。

(3) 培养依靠客观数字评测与决策的意识与技能。

(4) 感悟准确及时集成的信息对科学决策的重要作用。

(5) 训练信息化时代的基本管理技能。

2. 全面阐述一个制造公司的概貌

(1) 制造公司经营涉及的因素。

(2) 公司物流运作的规则。
(3) 公司财务管理、资金流控制运作的规则。
(4) 公司生产、采购、销售和库存管理的运作规则。
(5) 公司面临的市场、竞争对手、未来发展趋势分析。
(6) 公司的组织结构和岗位职责。

3. 了解公司经营的本质
(1) 资本、资产、损益的流程，公司资产与负债和权益的结构。
(2) 公司经营的本质——利润和成本的关系、增加公司利润的关键因素。
(3) 影响公司利润的因素——成本控制需要考虑的因素。
(4) 影响公司利润的因素——扩大销售需要考虑的因素。
(5) 脑力激荡——如何增加公司利润。

4. 确定市场战略和产品、市场的定位，产品需求的数量趋势分析
(1) 产品销售价位、销售毛利分析。
(2) 市场开拓与品牌建设对公司经营的影响。
(3) 市场投入的效益分析。
(4) 预测产品盈亏平衡点。
(5) 脑力激荡——如何才能拿到较大的市场份额。

5. 掌握生产管理与成本控制
(1) 采购订单的控制——以销定产、以产订购的管理思想。
(2) 库存控制——资产收益率（Return On Assets，ROA）与减少库存的关系。
(3) 准时制生产方式（Just In Time，JIT）——准时生产的管理思想。
(4) 生产成本控制——生产线改造和建设的意义。
(5) 产销排程管理——根据销售订单拟定生产计划与采购计划。
(6) 脑力激荡——如何合理地安排采购和生产。

6. 全面计划预算管理
(1) 公司如何制定财务预算——现金流控制策略。
(2) 如何制定销售计划和市场投入。
(3) 如何根据市场分析和销售计划，制定安排生产计划和采购计划。
(4) 脑力激荡——理解"预则立，不预则废"的管理思想。

7. 科学统筹人力资源管理
(1) 如何安排各个管理岗位的职能。
(2) 怎样对各个岗位进行业绩衡量及评估。
(3) 理解"岗位胜任符合度"的度量思想。
(4) 脑力激荡——如何更有效地监控各个岗位的绩效。

8. 获得学习点评
(1) 培训学生分析实际训练数据。

(2) 综合理解局部管理与整体效益的关系。
(3) 优胜公司与失败公司的关键差异。

(二) ERP 沙盘模拟课程的形式

(1) 组建各公司团队。
(2) 介绍系统运营规则,进行市场预测。
(3) 介绍公司初始状态及经营环境。
(4) 第一年模拟经营指导教学。
(5) 规划公司模拟经营状态。
(6) 总结团队运营决策并进行点评。
(7) 各公司团队进行失败经验分享以减少失误率。

四、ERP 沙盘模拟工具与教学现场效果

(一) ERP 沙盘模拟工具

1. 实物沙盘

实物沙盘由各种用于 ERP 沙盘模拟的实物道具组成,其中,每个模拟器配备一套实物沙盘道具,包括一张系统盘面、不同颜色的原料、现金币、小塑料桶、产品标识、厂房标识、生产线标识、生产资格证书、市场准入证书、ISO 资格认证证书等。

实物沙盘是一家制造公司的缩影,它反映公司经营的过程和结果,具有直观和形象的特点,在进行模拟经营过程中,具有不可替代的作用。学生在进行电子沙盘模拟经营操作之前,可反复在实物沙盘上进行推演,当整个经营过程确定无误后,再进行电子沙盘的操作。

2. 电子沙盘

ERP 电子沙盘是模拟公司经营活动的软件系统,是基于流程的互动经营模式的模拟经营平台。该系统与实物沙盘相结合,继承了 ERP 实物沙盘直观形象的特点,同时实现了选单、经营流程控制、财务报表核对、经营成果分析以及融资、交货等业务的自动化,将教师从选单、数据录入、现场监控、财务报表核对等事务中解放出来,将重点放在对学生经营过程的指导和分析总结上。

在教学过程中,为了保证各组竞争的公平性,通常不允许对电子沙盘进行后退修改和融资操作。由于本课程主要使用的就是电子沙盘,因此,模拟公司在电子沙盘操作过程中要十分小心,正式操作电子沙盘之前,要在实物沙盘上反复进行推演。

3. 市场预测资料

市场预测资料是模拟公司拟定经营战略、确定营销策略和广告策略的基本依据。各模拟公司的总经理、信息总监、销售总监要认真分析各个市场、各个产品的市场需

求数量以及产品的平均价格水平,以确定本公司的产品战略并选择目标市场。

4. 实用表格工具

为了帮助学生在 ERP 沙盘模拟中更好地进行经营活动并学会制定各种公司计划,本书第二章、第三章、第四章为学生提供了几种实用表格工具,主要有公司年生产计划表、原料采购计划表和现金计划表等。运用这些实用表格,学生可以清楚地理解年度规划的主要内容、公司产能的计算方法、公司生产计划的主要内容、公司原料采购计划的制定原理,以及公司现金计划的内容与方法,以便更好地理解相关公司理论知识,并能更好地开展公司经营。

(二) ERP 沙盘模拟教学现场效果

教学实践证明,ERP 沙盘模拟课程的引入,得到了广大师生的普遍好评,使课堂面貌焕然一新,取得了显著的教学效果。各位主编与副主编平均从教时间十余年,主讲过管理学和会计专业的大部分专业课程,但每次讲授 ERP 沙盘课程都会有不一样的挑战感,可以真正体验到教学本身的快乐,并且被教学中的学习氛围和场景所感动——没有考勤,但看不见迟到和早退,只有学生间针对问题的热烈讨论;有提问但不用教师回答,学生会争相抢答,每个人尽情展现思想、释放个性,甚至会为一套经营方案争得面红耳赤;没有作业,但每次上课前以小组为单位都已制定好新的经营方案,甚至有人为制定计划"挑灯夜战"。成功与失败,喜悦与沮丧,贯穿于模拟公司经营过程的始终。正如学生课后感言:"ERP 沙盘模拟使我们找到那种在没有硝烟的战场上厮杀的快感;见识到运筹帷幄之中,决胜千里之外的智慧;也经受过一招不慎,满盘皆输的惨痛教训;更体味到打破常规,置之死地而后生的幸运;第一次将自己所学运用于实践,并见效果。个中甘苦,实在让人回味悠长!"

这些效果是传统教学难以达到的。

纵观 ERP 沙盘模拟实战,学生们在兴趣中参与、在行动中融入、在对比中反思、在总结中收获,有效实现了知识、技能和素质三者的有机结合,拉近了知与行之间的距离。ERP 沙盘模拟教学为学生提供了一个良好的职业成长平台。ERP 沙盘模拟课程的产生,顺应了当前就业导向教育观的要求,是经管类专业教育观念和教学模式的创新。

第二章

构建模拟公司

一、组建团队

在 ERP 沙盘模拟经营实训中,所有学生被分成若干个团队。团队是由少数有互补技能,愿意为了共同的目的、业绩目标和方法而相互承担责任的人们所组成的群体。在每个团队中,学生分别担任重要职位,包括总经理、财务总监、营销总监、生产总监和采购总监等。

(一)组建高效团队的要点

在经营过程中,团队的合作是必不可少的。若要打造一支高效的团队,则必须注意以下几点:

1. 明确共同目标

团队必须共同发展,并且要共同完成一个目标。这个目标可以使团队成员向相同的方向努力,能够激发每个团队成员的积极性,并且使团队成员行动一致。团队要将总体的目标分解为具体的、可度量的、可行的行动目标。这些具体的目标和总体目标要紧密结合,并且要根据情况随时做出相应的修正。比如,团队确立了自己六年发展的总目标后,还要将总目标分解为每一年和每一季具体如何运营的行动目标。

2. 团队成员能力互补

团队必须要形成一个完善的能力组合,比如,担任财务总监的人就需要细心、对财务相关知识有一定的了解;而担任总经理的人就应该具备比较强的协调能力和组织能力等。在整个团队中,既要人岗匹配,又要分工明确,团队成员相互配合。

3. 明确团队领导的职责

在经营过程中需要做出各种决策,这就需要总经理能够统领全局,协调各部门之间的关系,充分调动起每个成员的积极性,并且能够作出正确决策。如果要建立一个高效、统一的团队,那么团队领导就必须学会在缺乏足够的信息和统一意见的情况下及时作出决策。果断的决策机制往往是以牺牲民主和不同意见为代价而制定出来的。对于团队领导而言,最难做到的莫过于避免被团队内部虚假的和谐气氛误导,并采取种种措施,努力引导和鼓励适当的、有建设性的良性冲突。将被掩盖的问题和不同意见摆到桌面上,通过讨论与合理决策将其解决,否则将对公司的发展造成巨大的影响。

4. 明确团队其他成员的职责

团队其他成员应该按照自己的岗位职责进行经营活动,把自己的工作做好。比如,采购总监就应该负责原料的采购,如果出现差错,那么将直接影响生产环节,而生产的产品数量的多少又影响到订单是否可以准时交货,因此任何一个小环节的疏漏,都可能造成无法挽回的局面。在整个运营过程中,团队成员一定要相处融洽,提高团队的整体操作能力。

(二) 团队成员的角色分配及其职责

ERP 沙盘模拟经营采用简化了的生产型公司组织结构,主要涵盖了公司的战略决策机构、营销部门、财务部门、生产部门和采购部门等,分别以总经理、财务总监、营销总监、生产总监和采购总监几个职位来代表。参加 ERP 沙盘模拟经营的学生以小组团队的方式进行公司运营,一个小组通常由 4~5 名学生组成,分别担任公司中的不同角色,共同努力,分工明确,协同作战,经营好公司。

公司经营的成功有赖于各个部门之间的协同合作。ERP 沙盘模拟经营中的各个角色之间也要本着各司其职、团结协作的原则,明确定位好各个角色的职责。在 ERP 沙盘模拟经营过程中五个主要角色的岗位职责具体如下:

1. 总经理职责

(1) 制定发展战略。

在 ERP 沙盘模拟经营中,总经理在接手的初期就需要明确公司未来六年的发展战略,制定战略实施策略。

(2) 分析竞争格局。

公司是在与其他公司的竞争中发展的,总经理必须对其他公司的发展状况、战略发展意图、市场份额及市场优势与劣势等影响竞争的因素有全面了解,据此确立自身的市场竞争定位。

(3) 确定经营指标。

在 ERP 沙盘模拟经营中,最重要的公司经营指标有销售收入、综合管理费用、折旧、财务费用、年度净利润、所有者权益、贷款余额等。公司的持续经营建立在盈利及拥有充足现金的基础上,只有努力扩大公司的销售额,同时,又将各项成本费用控制在合理的范围内,公司才有可能获得满意的利润。总经理应充分关注这些反映公司经营状况的指标,并规划各年的经营目标,以期实现公司的长期战略目标。

(4) 制定业务策略。

业务策略主要包括产品策略、市场策略、产能扩张策略等,总经理需要决策公司在未来六年的产品结构、市场开拓计划、主要目标市场、公司产能扩张计划及其与市场的匹配、资金的保证等。

(5) 管理团队协作。

ERP沙盘模拟经营中各个角色之间的工作是相互关联的。采购总监的采购计划必须建立在生产总监的年度生产计划上；财务总监的年度资金预算与公司采购计划、生产计划、销售计划等密不可分。公司能否在规定的时间内顺利完成运营，各角色之间的协作非常重要，因此，总经理需要按公司运营流程组织各部门开展每个经营年度的工作，在不同部门工作发生冲突时，要及时处理好协调工作。若部门主管人员没有及时完成自身工作，则总经理还应对其进行督促、控制。

(6) 公司业绩分析。

每个经营年度结束后，总经理要组织公司其他成员一起对公司经营业绩进行分析，与公司年度经营目标对比，是否已经达到预期目标，如果没有达到，那么原因是什么？下一年度如何改进？公司原有的经营战略是否需要调整？如何调整？在对公司业绩进行分析的基础上，总经理应制定下一年度的经营计划。

2. 财务总监职责

在ERP沙盘模拟经营中，会计与财务总监的职责通常由同一个人担任，虽然这两项工作在公司实际工作中有很大的角色差异性。具体来说，其应承担以下职责：

(1) 全面预算管理。

公司经营离不开资金的支持，没有资金支持的公司发展战略规划只能是空中楼阁。财务总监要在公司长期发展战略、公司各项业务策略的框架内，做好公司的全面预算管理，以保证公司战略及各项业务策略的实施。

(2) 编制年度现金计划。

制定年度现金计划是财务总监每个经营年度的第一项工作。公司破产规则之一就是现金流断流。保证年度现金需求是财务总监的分内工作。财务总监每年年初应在公司其他成员的协助下编制年度现金计划，将其作为公司年度经营的资金运作依据。

(3) 日常财务记账和登账。

为保证年度财务报表的完成，财务人员还需要做好日常记账和登账工作（主要是做好公司运营流程表的记录），详细登记每一项现金的收入和支出情况。

(4) 提供财务报表。

ERP沙盘模拟经营要求公司每年年末提交三张财务报表，即综合费用表、利润表和资产负债表，这三份报表都是由公司财务总监填写的。

(5) 制定公司融资策略。

融资策略是影响公司经营业绩的关键因素之一，财务费用是公司可控成本中的重要部分。由于不同的融资方式的融资成本不同，因此财务总监应该在可行的范围内尽可能采用低成本的融资方式筹措公司资金,将公司的财务成本控制到最低,同时,也要考虑公司的还款能力,保证公司能够有足够的现金归还贷款,以免陷入债务危机中。

(6) 控制成本。

在 ERP 沙盘模拟经营中,公司成本费用主要有直接生产成本、综合管理费用、生产线折旧、财务费用,以及由紧急采购、组间交易、违约罚款等原因导致的其他收支。在年度销售收入一定的情况下,公司的年度净利润由公司的成本费用决定。为了实现公司盈利,财务人员要做好成本费用控制工作,除做好自身的财务成本控制外,还应协助公司其他成员做好成本控制,合理规划公司的研发成本及市场开拓、ISO 资格认证等投资。

(7) 风险管理。

公司破产风险来自两个方面,一是现金不足,二是所有者权益下降。其中,最关键的是所有者权益下降。因为所有者权益直接决定公司的贷款总规模,影响公司的现金筹措,因此,财务总监的财务风险管理应以所有者权益为核心来进行。每年年初,在公司参加订货会并选择完当年订单后,就要及时估算出公司当年的所有者权益,并在预估下一年度的现金需求及公司可用资金的基础上,制定本年度的财务决策。

(8) 财务分析与协助决策。

在年度经营完成之后,财务总监要对本公司的财务状况进行分析,分析包括公司的资金使用效益、资产负债状况、资产的流动性等,以协助总经理做好公司经营决策。

(9) 向税务部门报税。

纳税是公司应尽的义务。ERP 沙盘模拟经营中只设置了公司所得税这一项税收,比现实中公司需交多项税收的情况有所简化。

3. 营销总监职责

营销总监负责公司的市场分析与产品销售。当模拟公司成员超过 5 人时,可将本岗位细分为信息总监和销售总监。具体来说,营销总监应承担以下几项职责:

(1) 进行市场调查分析。

要做好公司营销策略,必须对市场有清晰的认识和了解。首先,营销总监要对市场预测数据进行深入细致的分析。这项工作需要进行大量的实际调查,ERP 沙盘模拟经营中已由系统给出市场预测数据,简化了这一影响公司经营的复杂因素。其次,在每年年初开放盘面的时候,营销总监要分析市场竞争对手,快速收集各种相关信息,并重点针对主要竞争对手进行分析,以此为依据确定本公司的营销策略。

(2) 制定市场进入策略。

ERP 沙盘模拟经营中公司可以选择性地进入五个市场,即本地市场、区域市场、国内市场、亚洲市场和国际市场。随着年份的变化，每个市场对产品的需求量和需求价格是不同的。营销总监应该在公司战略的框架内，根据市场竞争情况，做好市场开拓的长远规划，有针对性地选择本公司的年度主要目标市场，以实现公司的销售目标。

(3) 制定产品品种发展策略。

在 ERP 沙盘模拟经营中，产品的需求量、市场价格随经营年份不断变化，营销总监要根据市场需求和竞争对手的情况，确定本公司的产品品种结构，并根据市场变化做出及时调整。

(4) 明确销售任务。

公司每年度的销售任务来源于两个方面，一是公司上年度的库存状况；二是公司本年度的生产情况。每年年初，营销总监需要协同生产总监一起，明确本年度的销售任务（主要是明确公司本年度的生产产能），以此作为制定本年度广告策略的重要依据。

(5) 制定广告宣传策略。

ERP 沙盘模拟经营中，公司必须进行广告宣传才能获得客户的认同并取得相应订单。广告费是影响公司订单数量最重要的因素。每年年初，营销总监要根据市场需求、公司本年度销售任务、竞争对手状况等因素，确定本公司的广告投放策略，以期以最低的销售成本最大限度地实现公司销售目标，获得最大的经济效益。

(6) 参加订货会选取订单。

订单是公司销售的基础。在每年年初的订货会上，营销总监要根据本公司的生产能力选取合适的订单，在尽可能地完成本年度的销售任务同时，又要考虑订单的交货期、账期、单价等，使公司销售收入尽早收现，并实现销售收入的最大化。

(7) 按时交货。

公司必须按订单规定的交货期交货。营销总监要保证公司有足够的产成品交货。如果公司生产能力不足，那么营销总监就要选择能够让公司损失最少的方法以应对客户订单的要求。

(8) 分析销售绩效。

ERP 沙盘模拟经营中公司销售业绩重点分析两个指标，一是广告费用与年度销售额的比值；二是销售量与年度销售任务的比值。前者反映的是公司广告费用的投放效果，后者则反映公司销售任务的完成情况。营销总监应该用合理的广告费用，尽可能销售完本年度可供销售的产品，包括本年度新生产的产品和上年度的库存产品。

4. 生产总监职责

ERP 沙盘模拟经营中，生产总监负责公司的生产安排、车间管理、固定资产投资、公司产品外协，同时，兼任研发总监的产品研发、ISO 资格认证等工作。具体应承担以下几项职责：

(1) 编制年度产能表。

每年年初确定广告投放策略之前,生产总监要根据公司本年度的生产能力编制公司年度产能表,作为营销总监制定年度销售计划和广告策略的依据。

(2) 编制生产计划表。

当营销总监参加订货会选择订单结束后,公司当年的交货任务即已确定。生产总监据此进行产能核算,编制公司年度生产计划表,保证订单能按期交货的同时,要根据下一年度公司的销售策略,合理安排好本年度剩余产能的生产任务。

(3) 进行生产车间管理。

ERP沙盘模拟经营的生产按四个季进行更迭,每个季都需要进行生产线上产品的完工入库以及新一批产品的上线生产。该工作流程由生产总监负责,以保证公司生产计划表的具体落实。

(4) 固定资产投资管理。

固定资产的投资包括厂房的购买和生产线的建设。生产总监要根据当年年初总经理制定的年度经营计划具体落实厂房的购买和生产线建设。

(5) 产品研发管理。

由于公司产品研发在ERP沙盘模拟经营中设置相对简单,因此只需投入一定的资金和时间即可完成,研发总监的职责就由生产总监兼任。生产总监每季按当年年初制定的年度经营计划落实产品研发的具体工作。

(6) ISO资格认证管理。

公司ISO资格认证工作每年年末进行,该项工作的具体落实也由生产总监负责。

5. 采购总监职责

采购总监在公司中的主要职责是保证原料的及时供应,同时,还要保持原料库存的最小化,以减少原料占用资金,其具体应承担以下几项职责。

(1) 编制采购计划。

每年年初,公司采购总监要根据生产总监的生产计划来制定公司采购计划,确保生产所需原料的及时供应和资金占用的最小化。

(2) 签订采购合同。

公司的原料需每季下一次订单,所订购原料按不同的品种分别在下一季或者下两季入库。在公司运营过程中,采购总监要按年初的采购计划落实好每一季的原料订单。

(3) 到货验收。

原料订单入库时,可增加原料库存量以供生产需要,同时,也需要支付原料费用,采购总监要及时办理原料入库手续。

(4) 与财务部门协调。

原料采购费用是公司流动资金的重要组成部分,随着公司生产规模的扩大,在公司资金需求中占较大的比重，因此，采购总监应在年初尽早制定年度原料采购计划，并及时与财务部门沟通，为公司年度现金计划的制定提供依据。

（5）与生产部门协同工作。

原料采购是为生产服务的，生产计划是原料采购的依据。公司采购总监要与生产总监协同工作，尤其是生产计划有改变时，采购计划要随之迅速做出调整。

各组学生可以根据自己的专长选择不同的职能部门。当人数较多时，可设置助理职位，如财务助理等。确定好职能后重新落座。各团队在总经理的带领下，为公司命名、确定公司使命及发展战略等。与此同时，各个职能部门协同合作，开始ERP沙盘模拟经营，ERP模拟经营五角色岗位流程如图2-1所示。

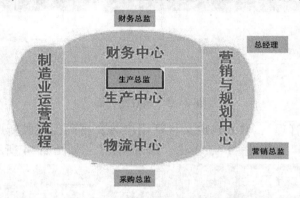

图2-1　ERP模拟经营五角色岗位流程

二、初始状态设定

打开浏览器，在地址栏输入网址：172.16.100.175，教师端输入用户名"admin"，初始密码"1"，单击"用户登录"，如图2-2所示。

图2-2　管理员用户登录

进入新道新商战沙盘系统后，如图2-3所示，单击"教师管理"，设置添加教师端用户名及密码。

图2-3 系统主界面

单击"教师管理",输入自定义教师用户名及密码,完成新用户添加,例如,输入用户名"XD",密码"1",单击"添加用户",如图2-4所示。

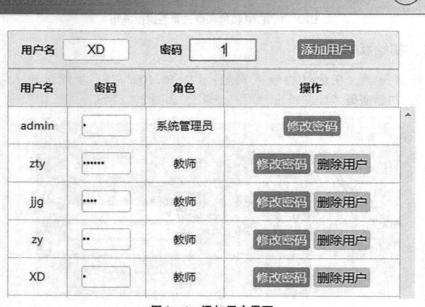

图2-4 添加用户界面

单击"添加用户"后,屏幕对话框显示"添加成功",如图2-5所示,单击"确定"。

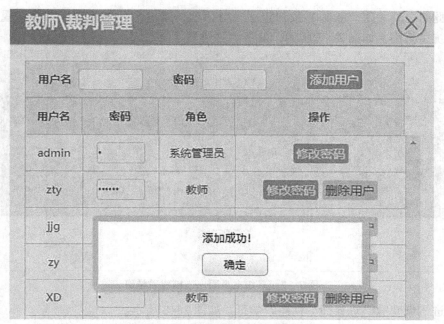

图2-5 添加成功界面

添加成功后,显示新的教师用户名"XD"已经添加至用户名列表中,如图2-6所示。

图2-6 添加成功列表

此时，请关闭"教师\裁判管理"对话框，退出"教师管理"界面，重新返回系统主页面，如图 2-7 所示，单击"创建教学班"。

图 2-7　系统主页面——创建教学班

进入创建教学班界面，创建教学班，如图 2-8 所示。

图 2-8　"创建教学班"界面

需要注意的是，如果是只享有一个账号运行权限的用户，那么在创建新的教学班之前，需要将正在进行的班级暂停。例如，在图 2-8 中，如果创建新的教学班，那么应先将"企管 2-7"暂停，在"暂停教学班'企管 2-7'"提示框中单击"确定"，如图 2-9 所示。

图 2-9　确认暂停"企管 2-7"界面

确认暂停"企管 2-7"后,在"成功暂停教学班'企管 2-7'!"提示框中继续单击"确定",如图 2-10 所示。

图 2-10　成功暂停"企管'2-7'"界面

成功暂停正在运行的教学班之后，开始创建新的教学班。在"请输入教学班名称："对话框里输入新的教学班名称，例如"会计"，如图 2-11 所示。

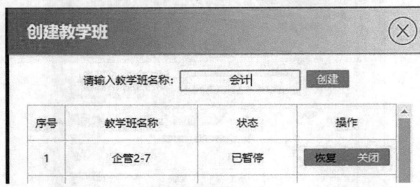

图 2-11 创建教学班"会计"界面

在教学班名称中输入"会计"后，单击"创建"，教学班"会计"就会显示在教学班名称列表中，状态为"未初始化"，如图 2-12 所示。

图 2-12 教学班名称列表界面

此时，关闭"创建教学班"对话框，再重新返回系统主页面，单击"权限管理",如图 2-13 所示。

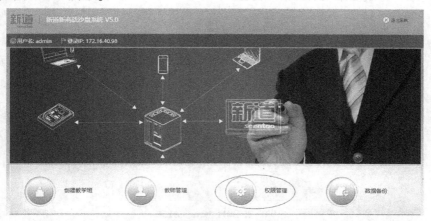

图 2-13 系统界面——权限管理

单击"权限管理"后则进入"任命教学班教师\裁判"界面,如图 2-14 所示。

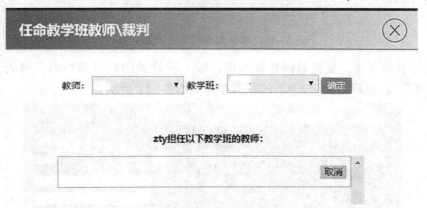

图 2-14 "任命教学班教师\裁判"界面

从下拉项目中选择教师用户名权限管理 2 及所要任命教学班,单击"确定",例如,教师:XD,教学班:会计,如图 2-15 所示。

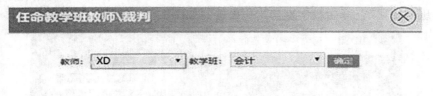

图 2-15 选定"教师"及"教学班"界面

接下来界面提示"'XD'被任命为'会计'的教师",单击"确定",如图

2-16所示,完成任命教学班教师设置。

图 2-16 确认教学班教师设置界面

退出教师账号,重新返回登录页面,输入新设置的教师用户名及密码,单击"用户登录"。用户名为"XD"的教师登录如图 2-17 所示。

图 2-17 用户名为"XD"的教师登录

登录后重新进入系统,进入初始化界面,教学班显示为"未初始化",单击"教学班初始化",开始教学班初始化设置,如图 2-18 所示。

图 2-18 教学班初始化设置1

进入教学班初始化界面后，如图2-19所示。

图2-19 教学班初始化设置2

设置用户名前缀，例如，用户名前缀为"KJ"。队数，即将学生分成几组，如果队数为9，那么就代表有9队。需要注意的是，组数小于（包含等于）10与大于10时是有区别的，当组数大于10时，后期会有竞单会。以订单方案为"高职订单规则三（8~10组）"，规则方案为"高职教学规则三"为例，规则里的各项参数是可以根据上课及比赛要求进行更改的。注意，这些参数在经营过程中也可以在教师端进行修改。完成各项参数设置后，单击"确定"，如图2-20所示。

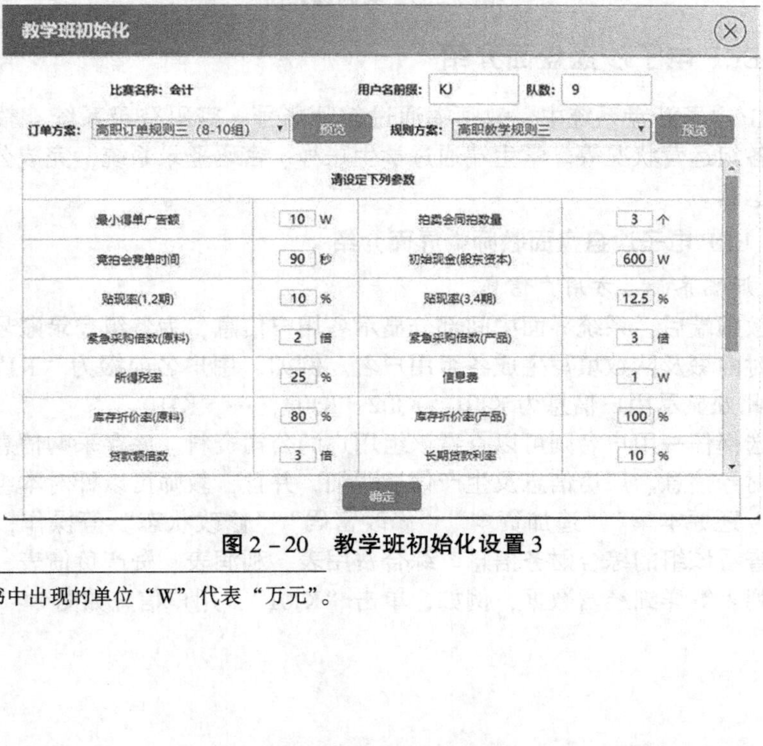

图2-20 教学班初始化设置3

注：本书中出现的单位"W"代表"万元"。

教学班级初始化设置完成后，教学班状态为"正在进行"，如图 2-21 所示。

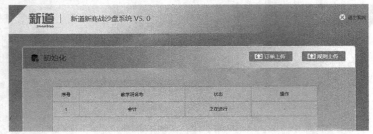

图 2-21　教学班初始化设置完成

单击教学班名称进入 ERP 电子沙盘操作界面。例如，单击教学班名称"会计"进入 ERP 电子沙盘系统教师端操作界面，如图 2-22 所示。

图 2-22　教师端界面

三、ERP 电子沙盘盘面介绍

在 ERP 电子沙盘系统中，教师端通过教师账号、密码登录系统，教师登录后即可查看各组运营状况等。学生端通过学生账号、密码登录系统，完成公司注册后开始公司运营。

（一）ERP 电子沙盘盘面教师端界面介绍

1. 教师端界面上方用户信息

登录教师端后，系统界面中间部分显示各用户信息，为各组登录账号，依据初始化设置时前缀及队数填写生成各组用户名。例如，用户名前缀为"KJ"，队数为"10"，则此处显示用户信息为 KJ01，KJ02，KJ03，…，KJ10。

单击选择任一用户名则可以查看该组用户的公司资料、库存采购信息、研发认证信息、财务信息、厂房信息及生产信息明细，并且，教师可以针对本组用户实行"还原本年/还原本季""追加资本""修改密码""修改状态"等操作，同时，教师端可以查看该组的综合财务信息、综合费用表、利润表、资产负债表、现金流量表及订单列表等详细经营数据，例如，单击"KJ01"，用户信息如图 2-23 所示。

第二章　构建模拟公司　31

图 2-23　用户信息

2. 教师端界面下方各项操作区

教师端界面下方各项操作区如图 2-24 所示。

图 2-24　教师端界面下方各项操作区

（1）选单管理。

单击"选单管理"，可以查看各组的广告投放情况，如图 2-25 所示，同时，可以看出各组报表填报是否完成及广告投放先后顺序等。

第4年广告投放情况		
用户名	用户时间	投完广告时间
KJ01	第4年第1季	2019-11-26 10时28分7秒
KJ02	第4年第1季	2019-11-26 10时39分16秒
KJ03	第4年第1季	2019-11-26 10时29分39秒
KJ04	第4年第1季	2019-11-26 10时22分43秒
KJ05	第4年第1季	2019-11-26 10时35分50秒
KJ06	第4年第1季	-
KJ07	第4年第1季	2019-11-26 10时37分29秒
KJ08	第4年第1季	2019-11-26 10时10分48秒
KJ09	第4年第1季	2019-11-26 10时36分17秒

图 2-25　选单管理

（2）竞单管理。

当用户大于 10 组时，将会有竞单会。竞单管理如图 2-26 所示。

订单编号	市场	产品	数量	ISO	状态	所属用户
A611_01	本地	P1	5	14	正在竞单	
A612_01	本地	P2	5	-	正在竞单	
A613_01	本地	P3	3	9 14	正在竞单	
A614_01	本地	P4	4	14	等待	
A622_01	区域	P2	3	9 14	等待	
A623_01	区域	P3	4	9	等待	
A624_01	区域	P4	3	9 14	等待	
A633_01	国内	P3	2	9	等待	
A642_01	亚洲	P2	3	14	等待	
A652_01	国际	P2	2	9 14	等待	
A653_01	国际	P3	4	-	等待	
A654_01	国际	P4	2	9	等待	

图 2-26　竞单管理

（3）组间交易。

各组之间可以进行产成品买卖交易。如图 2-27 所示，任一组如需要产品都可以以低于紧急采购的价格从其他组购买。

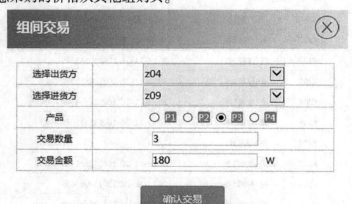

图 2-27　组间交易

（4）排行榜单。

单击“排行榜单”可以查看各组根据经营情况所得积分的排名，如图 2－28 所示。

排行榜单

用户名	系统时间	公司名称	学校名称	得分	当前修正	累计修正	合计
KJ01	第4年1季	JGHASDFUIGF	河北外院	1544.7			-
KJ02	第4年1季	阿里妈妈有限公司	河北对外经贸职业学院	205.87			-
KJ03	第4年1季	百老汇	河北对外经贸职业学院	145.8			-
KJ04	第4年1季	喜羊羊有限公司	河北对外经贸职业学院	178.88			-
KJ05	第4年1季	依梦洁有限责任公司	河北对外经贸职业学院	1114.92			-
KJ06	第4年1季	漫时光	河北对外经贸职业学院	-333.9			-
KJ07	第4年1季	信为	外院	342.3			-
KJ08	第4年1季	1	1	254.28			-
KJ09	第4年1季	致一科技	河北对外经贸职业学院	-340.2			-

确认

图 2－28　排行榜单

（5）公共信息。

单击“公共信息”可以查看各年份市场老大及报表填报明细，如图 2－29 所示。

公共信息

年份　第1年　确认信息

第1年市场老大及报表

用户名	利润	权益	本年结束时间
KJ01	-275	325	8:0:10
KJ02	-330	270	7:59:7
KJ03	-270	330	7:59:12
KJ04	-238	362	8:2:19
KJ05	-191	409	8:1:36
KJ06	-280	320	7:55:20
KJ07	-195	405	7:57:23
KJ08	-198	402	7:55:27
KJ09	-218	382	8:2:11

本地:无　区域:无　国内:无　亚洲:无　国际:无

综合费用表　利润表　资产负债表　下一年广告投放　导出Excel

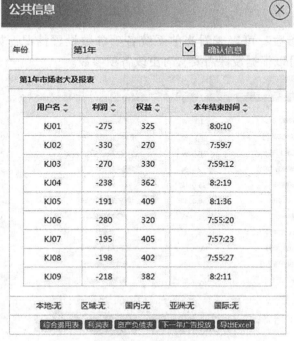

图 2－29　公共信息

(6) 订单详情。

单击"订单详情"可以查看各组获取订单及订单交付情况,如图 2-30 所示。

订单详情

订单列表

订单编号	年份	市场	产品	数量	总价	交货期	帐期	ISO	所属用户	状态
S211_01	第2年	本地	P1	4	196W	3季	0季	-	KJ05	已交货
S211_02	第2年	本地	P1	2	98W	4季	2季	-	-	-
S211_03	第2年	本地	P1	3	148W	4季	3季	-	KJ07	未到期
S211_04	第2年	本地	P1	2	96W	4季	2季	-	-	-
S211_05	第2年	本地	P1	4	159W	4季	1季	-	KJ09	已交货
S211_06	第2年	本地	P1	2	105W	4季	1季	-	KJ01	已交货
S211_07	第2年	本地	P1	4	186W	4季	1季	-	KJ03	已交货
S211_08	第2年	本地	P1	1	48W	4季	3季	-	KJ06	已交货
S211_09	第2年	本地	P1	3	141W	4季	2季	-	KJ04	已交货
S211_10	第2年	本地	P1	3	150W	3季	1季	-	KJ08	已交货
S212_01	第2年	本地	P2	4	291W	3季	0季	-	-	-
S212_02	第2年	本地	P2	3	229W	4季	0季	-	KJ09	已交货
S212_03	第2年	本地	P2	2	154W	4季	1季	-	KJ01	已交货
S212_04	第2年	本地	P2	4	265W	4季	2季	-	-	-

图 2-30 订单详情

(7) 系统参数。

单击"系统参数"可以查看当前系统各项参数设置情况,如图 2-31 所示。在运营过程中,可以根据授课需要实时更改各项参数。

系统参数

参数	值	参数	值
最小得单广告额	10 W	拍卖会同拍数量	3 个
竞拍会竞单时间	90 秒	初始现金(股东资本)	600 W
贴现率(1,2期)	10.0 %	贴现率(3,4期)	12.5 %
紧急采购倍数(原料)	2 倍	紧急采购倍数(产品)	3 倍
所得税率	25.0 %	信息费	1 W
库存折价率(原料)	80.0 %	库存折价率(产品)	100.0 %
贷款额倍数	3 倍	长期贷款利率	10.0 %
最大长贷年限	5 年	管理费	10 W
订单首选补时	15 秒	是否存在市场老大	○无 ◉有
订会市场同开数量	2 个	订货会选单时间	45 秒
违约扣款百分比	20.0 %	短期贷款利率	5.0 %
厂房数	4 个		

确认　取消

图 2-31 系统参数

(8) 教学班备份。

单击"教学班备份"下面的"备份"即可备份当前年度文件,如图 2-32 所示。

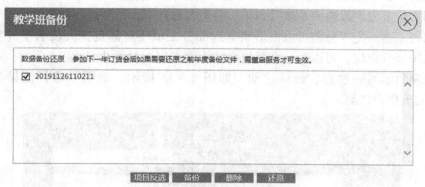

图 2-32　教学班备份

(9) 一键导出。

在"一键导出"项单击"确定",即可导出教学班的所有数据,如图 2-33 所示。

图 2-33　一键导出

(二) ERP 电子沙盘盘面学生端界面介绍

在学生端输入学生账号,进入"用户注册"界面。例如,登录学生账号"KJ01",首次登录的初始密码为"1",如图 2-34 所示。

图 2-34　学生端用户注册 1

进入"用户注册"界面。用户注册时,需要重设密码,首次登录时此界面中"所属学校、公司名称"等项目皆为必填项,内容可以由学生自主填写。例如,重设密码为"2",所属学校、专业、班级可以根据学生实际情况填写,公司宣言根据公司文化及发展战略简单填写即可。公司名称自拟,总经理、财务总监、采购总监、销售总监、生产总监可以根据团队内部分工填写具体负责人员名字(如操作人数大于经营岗位,可以在一个职位中输入两个以上的学生姓名)。最后,在此界面所有项目填写完整后,确认注册,如图 2 – 35 所示。单击"确认开始公司经营",完成用户注册。

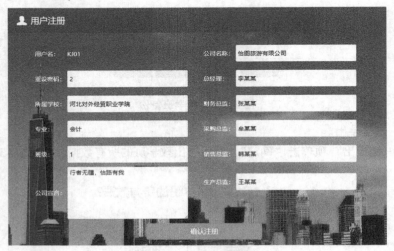

图 2 – 35　学生端用户注册 2

进入 ERP 沙盘系统学生端操作盘面窗口,如图 2 – 36 所示。

图 2 – 36　学生端操作盘面

1. 盘面右上方操作界面介绍

ERP 电子沙盘系统主操作界面右上方显示"公告信息、规则说明、市场预测、新手指南、退出系统",如图 2-37 所示。

图 2-37 盘面右上方操作界面

(1)公告信息。

在此窗口中,教师可以下发公告文件(公司报表、广告投放、公司贷款和应收款、一键下载)给学生,也可以查看学生报表填写提交情况。学生可以发送已填报表给教师端,若显示黑体字,则表示该组学生报表填写正确;若显示红体字,则表示该组学生填表错误。所有组的学生填完表后由教师统一发送正确报表。公告信息如图 2-38 所示。

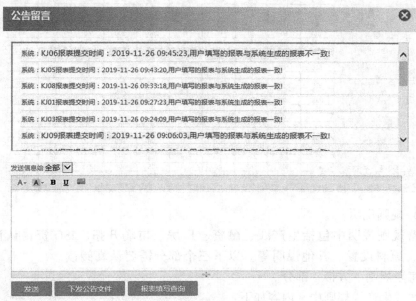

图 2-38 公告信息

教师发放报表后,学生端即可下载查看正确报表数据,包括综合费用表、利润表及资产负债表,如表 2-1 ~ 表 2-3 所示。

表 2-1 综合费用表

用户名	KJ01	KJ02	KJ03	KJ04	KJ05	KJ06	KJ07	KJ08	KJ09	KJ10
管理费	0	40	40	40	40	40	40	0	40	40
广告费	120	114	60	80	94	104	86	60	100	46
设备维护费	0	120	80	160	138	120	120	0	120	80
转产费	0	0	0	0	0	0	0	0	0	0
租金	0	50	34	70	70	68	50	0	50	50
市场准入开拓	0	20	10	30	30	30	20	10	20	30
产品研发	0	0	0	0	13	0	0	0	0	0
ISO认证资格	0	25	25	25	25	25	25	25	25	25
信息费	9	0	0	0	0	0	0	0	0	0
其他	0	0	0	0	240	0	0	0	0	0
合计	129	369	249	405	650	387	341	95	355	271

表2-2 利润表

用户名	KJ01	KJ02	KJ03	KJ04	KJ05	KJ06	KJ07	KJ08	KJ09	KJ10
销售收入	1538	800	1953	1759	1442	1474	1558	949	927	953
直接成本	680	340	780	720	600	640	640	360	420	420
毛利	858	460	1173	1039	842	834	918	589	507	533
综合管理费用	369	249	405	650	387	341	355	271	403	411
折旧前利润	489	211	768	389	455	493	563	318	104	122
折旧	180	120	120	200	0	180	180	120	120	0
支付利息前利润	309	91	648	189	455	313	383	198	-16	122
财务费用	188	130	204	363	180	185	160	150	80	60
税前利润	121	-39	444	-174	275	128	223	48	-96	62
所得税	0	0	27	0	7	0	0	0	0	0
净利润	121	-39	417	-174	268	128	223	48	-96	62

表2-3 资产负债表

用户名	KJ01	KJ02	KJ03	KJ04	KJ05	KJ06	KJ07	KJ08	KJ09	KJ10
类型	系统	系统	系统	系统	系统	系统	系统	系统	系统	系统
现金	834	141	639	666	598	7	169	223	552	645
应收款	286	500	290	0	740	928	801	410	0	225
在制品	180	120	360	330	200	0	210	120	140	140
产成品	40	60	60	60	0	200	200	60	0	40
原材料	0	80	160	80	50	210	60	80	0	0
流动资产合计	1340	901	1509	1136	1588	1345	1440	893	692	1050
土地和建筑	0	0	0	0	0	0	0	0	0	0
机器与设备	660	440	1000	710	840	660	660	440	440	560
在建工程	0	0	0	0	0	0	0	0	0	0
固定资产合计	660	440	1000	710	840	660	660	440	440	560
资产总计	2000	1341	2509	1846	2428	2005	2100	1333	1132	1610
长期负债	1600	1035	1800	1800	1800	1600	1600	1000	921	1161
短期负债	0	0	0	0	0	0	0	0	0	0
特别贷款	0	0	0	0	0	0	0	0	0	0
应交税金	0	0	27	0	7	0	0	0	0	0
负债合计	1600	1035	1827	1800	1807	1600	1600	1000	921	1161
股东资本	600	600	600	600	600	600	600	600	600	600
利润留存	-321	-255	-335	-380	-247	-323	-323	-315	-293	-213
年度净利	121	-39	417	-174	268	128	223	48	-96	62
所有者权益合计	400	306	682	46	621	405	500	333	211	449
负债和所有者权益总计	2000	1341	2509	1846	2428	2005	2100	1333	1132	1610

(2) 规则说明。

经营规则说明中包括生产线、融资、厂房、市场开拓、ISO 资格认证、产品研发、原料设置、其他说明等。以下三个部分需要认真阅读。

①每条规则下方带 * 部分。

例如，生产线规则中 * 内容如下：

a. 安装周期为 0，表示即买即用；

b. 计算投资总额时，若安装周期为 0，则按 1 算，等等。

②其他说明部分。

a. 紧急采购，付款即到货，原料价格为直接成本的 2 倍；成品价格为直接成本的 3 倍。紧急采购成本较高，所以在实际操作中不到万不得已一般不进行紧急采购。

b. 选单规则：首先看上年本市场销售额，最高（无违约）优先；其次看本市场本产品广告额；然后看本市场广告总额；最后看市场销售排名。如仍无法决定，则为先投广告者先选单。

c. 破产标准：现金断流或权益为负。

d. 第一年无订单。

e. 交单可提前，不可推后，违约收回订单，等等。

③规则中违约金比例、贷款额倍数等重要参数。

(3) 市场预测（包括均价、需求量、订单数量）。

①市场预测——均价（图2-39）。以此可以预测多个产品 P1、P2、P3、P4 各年份各市场（本地、区域、国内、亚洲、国际）的价格。

市场预测

市场预测表——均价

序号	年份	产品	本地	区域	国内	亚洲	国际
1	第2年	P1	49.15	50.22	0	0	0
2	第2年	P2	71.24	69.07	0	0	0
3	第2年	P3	90.42	87.96	0	0	0
4	第2年	P4	120.56	131.00	0	0	0
5	第3年	P1	50.18	53.94	48.65	0	0
6	第3年	P2	71.68	70.29	69.81	0	0
7	第3年	P3	94.35	92.65	91.86	0	0
8	第3年	P4	131.62	123.13	127.67	0	0
9	第4年	P1	50.04	53.79	50.19	49.60	0
10	第4年	P2	69.50	70.31	71.50	71.58	0
11	第4年	P3	93.14	87.05	89.89	92.43	0
12	第4年	P4	126.50	120.62	125.30	127.62	0
13	第5年	P1	48.06	53.58	50.00	50.42	51.00
14	第5年	P2	70.00	73.55	69.68	73.75	69.96

图2-39 市场预测——均价

②市场预测——需求量（图2-40）。以此可以预测多个产品 P1、P2、P3、P4 各年份各市场（本地、区域、国内、亚洲、国际）的需求数量。

市场预测

市场预测表——需求量

序号	年份	产品	本地	区域	国内	亚洲	国际
1	第2年	P1	27	18	0	0	0
2	第2年	P2	17	15	0	0	0
3	第2年	P3	24	26	0	0	0
4	第2年	P4	16	17	0	0	0
5	第3年	P1	17	18	23	0	0
6	第3年	P2	28	24	21	0	0
7	第3年	P3	23	20	22	0	0
8	第3年	P4	13	15	18	0	0
9	第4年	P1	23	14	16	25	0
10	第4年	P2	16	29	22	24	0
11	第4年	P3	14	19	18	23	0
12	第4年	P4	18	16	10	21	0
13	第5年	P1	16	19	16	26	19
14	第5年	P2	29	11	25	12	23

图2-40 市场预测——需求量

③市场预测——订单数量（图2-41）。以此可以预测多个产品 P1、P2、P3、P4 各年份各市场（本地、区域、国内、亚洲、国际）的订单数量。

市场预测

市场预测表——订单数量

序号	年份	产品	本地	区域	国内	亚洲	国际
1	第2年	P1	10	8	0	0	0
2	第2年	P2	6	7	0	0	0
3	第2年	P3	9	8	0	0	0
4	第2年	P4	7	7	0	0	0
5	第3年	P1	8	7	10	0	0
6	第3年	P2	10	10	10	0	0
7	第3年	P3	10	8	9	0	0
8	第3年	P4	6	6	8	0	0
9	第4年	P1	8	7	6	9	0
10	第4年	P2	7	9	8	9	0
11	第4年	P3	7	7	8	9	0
12	第4年	P4	7	8	7	8	0
13	第5年	P1	7	8	6	9	7
14	第5年	P2	10	7	9	6	7

图2-41 市场预测——订单数量

对学生来讲，市场预测应该作为投入生产前制定生产计划和广告投入的依据。

（4）新手指南。

若新手操作遇到问题，则可以查看新手指南中的操作说明（图2-42）及运营说明。

①操作说明包括年度规划会议、如何按订单交货、如何支付广告费和支付所得税、厂房处理、参加订货会、产品研发、长期贷款、ISO投资认证、市场开拓、申请短贷、更新原料库、填写报表等内容。

新手指南

操作说明　运营说明

1-1年度规划会议	2-12按订单交货
1-2支付广告费和支付所得税	2-13厂房处理
1-3参加订货会	2-14产品研发
1-4长期贷款	2-15ISO投资认证
2-1当季开始	2-16市场开拓
2-2申请短贷	2-17当季（年）结束
2-3更新原料库	3-1填写综合费用报告
2-4订购原料	3-2投放广告
2-5购租厂房	4-1贴现
2-6新建生产线	4-2紧急采购
2-7在建生产线	4-3出售库存
2-8生产线转产	4-4厂房贴现
2-9出售成产线	4-5订单信息
2-10开始生产	4-6间谍
2-11应收款更新	

图2-42 操作说明

②运营说明（图 2-43）包括年度运营总流程说明、年初运营流程、每季度内运营流程、年末操作流程及流程外运营操作等内容。

图 2-43 运营说明

（5）退出系统。

单击"退出系统"则将退出此次操作。

2. 盘面中部和右部操作界面介绍

操作界面中间的四块空地，是建设厂房用地。例如，按照"高职高专规则三"，每块空地最多可建 4 个厂房，如图 2-44 所示。

操作界面右方显示财务信息、研发认证信息、库存采购信息。

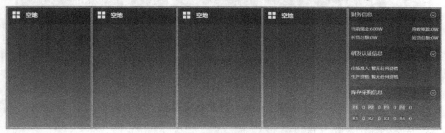

图 2-44 盘面中部操作界面

（1）财务信息。

如图 2-45 所示，财务信息实时记录经营过程中的财务状况，最初经营时当前现金为系统给出 600 W；贴息即贴现利息，维修费生产线建成后即收取，管理费为每季 10 W，损失是由库存折价拍价、生产线变卖、紧急采购及订单违约构成。提示学生如需记录财务数据，请于当年经营结束之前点开财务信息栏并记录。

图 2-45 财务信息

(2) 研发认证信息（图 2-47）。

市场准入资格需要通过市场开拓获取。例如，本地和区域市场开拓各需要 1 年，10 W/年。

产品研发需要研发相应的产品，例如，P1 需要研发时间为 2 季，10W/季，研发完成才能获取 P1 产品的生产资格。产品每研发完一季则会在相应栏显示一条橘色竖行。

ISO 认证有 ISO9000 和 ISO14000 两种。只有按规则完成产品的 ISO 认证，才能够到市场去竞争相应的订单。

图 2-46　研发认证信息

(3) 库存采购信息（图 2-47）。

无论是原料还是成品都会显示在库存采购信息中，如果是订购未到货入库的原料，单击展开"库存采购信息"则会显示在运输过程中，所有原料都是货到付款。

图 2-47　库存采购信息

3. 盘面下方操作界面介绍

盘面操作界面下方依次为贴现、紧急采购、出售库存、厂房贴现、订单信息、间谍，如图2-48所示。

图2-48　盘面下方操作界面

（1）贴现（图2-49）。

在运营过程中，可以通过贴现来缓解资金紧张情况。例如，未到账期的订单销售收入提前兑现，1季账期和2季账期的贴现利率为10%，3季账期和4季账期的贴现利率为12.5%。贴息费用向上取整，且在计算时需要每笔贴现的贴息单独相加得出。

贴现

剩余账期	应收款	贴现额
1季	0W	0 W
2季	0W	0 W

剩余账期	应收款	贴现额
3季	0W	0 W
4季	0W	0 W

图2-49　贴现

（2）紧急采购（图2-50）。

在运营过程中如果出现原料紧缺或到期交货订单未按时完成，可以通过紧急采购原料或成品来弥补。注意，原料紧急采购价格为直接成本的2倍，产品的紧急采购价格为直接成本的3倍，付款即到货。

紧急采购			
原料	现有库存	价格	订购量
R1	0	20W	0
R2	0	20W	0
R3	0	20W	0
R4	0	20W	0

确认采购

产品	现有库存	价格	订购量
P1	0	60W	0
P2	0	90W	0
P3	0	120W	0
P4	0	150W	0

确认采购

图 2-50 紧急采购

（3）库存出售（图 2-51）。

在运营过程中如果出现资金紧张，可以通过出售多余库存产品或原料来缓解，产品折价率为 100%，原料折价率为 80%，库存拍卖所得现金按向下取整计算。

图 2-51　库存出售

(4) 厂房贴现（图 2-52）。

如果公司运营困难，那么可以变卖厂房（如果厂房内没有生产线，那么可以得到 4 个账期应收款；如果厂房内有生产线则自动买转租，那么扣除 4 个账期贴息款和厂房租金后剩余款项即刻到账）。

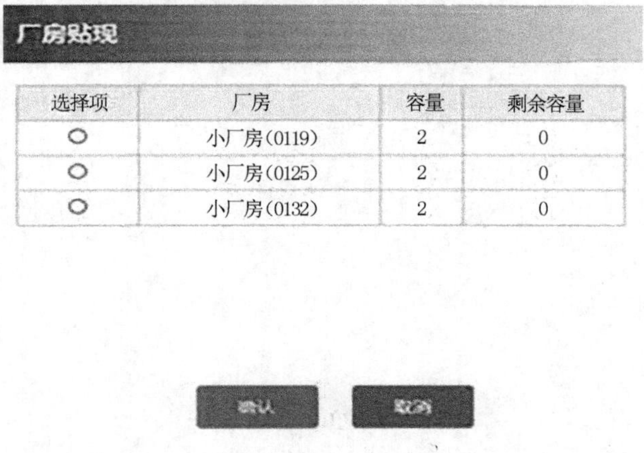

图 2-52　厂房贴现

(5) 订单信息（图2-53）。

单击"订单信息"可以查看到所有订单的详细信息，包括订单编号、产品、数量、总价、状态、得单年份、交货期、账期、交货时间等。

订单编号	市场	产品	数量	总价	状态	得单年份	交货期	账期	ISO	交货时间
S213_03	本地	P3	3	256W	已交货	第2年	4季	2季	-	第2年第4季
S211_07	本地	P1	4	186W	已交货	第2年	4季	1季	-	第2年第2季
S221_02	区域	P1	3	141W	已交货	第2年	4季	3季	-	第2年第4季
S223_04	区域	P3	2	171W	已交货	第2年	4季	2季	-	第2年第2季

图2-53　订单信息

(6) 间谍（图2-54）。

如果想获取竞争对手的综合信息可以单击"间谍"，选择对方公司名称，单击"确认下载"，每获取一家公司的信息需要花费1 W。

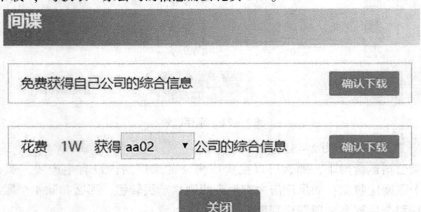

图2-54　间谍

第三章

模拟运营规则

在市场经济环境中,公司从事生产经营管理活动,必然受到法律法规、市场规律的约束,而每个公司针对自己的经营情况,也会制定相应的规章制度。为了让学生在实训中能体验到这些规范,ERP沙盘模拟经营实训设计了公司间竞争需要遵循的规则,包括融资活动规则、投资活动规则和运营活动规则。在模拟经营开始前,每位学生都要熟悉并掌握规则。只有掌握规则,才能在模拟运营中游刃有余。

一、融资活动规则

融资是公司进行一系列经济活动的前提和基础。在ERP沙盘模拟经营中可通过长期贷款和短期贷款、资金贴现和库存拍卖几种方式进行融资,融资方式见表3-1。

表3-1 融资方式

融资方式	融资时间	融资额度	年息	还款方式	备注
长期贷款	每年度初	所有贷款之和不超过上一年所有者权益3倍	10.0%	年初付息,到期还本	少于10 W
短期贷款	每季初		5.0%	到期一次还本付息	
资金贴现	任何时间	视应收款额	10%(1季,2季)12.5%(3季,4季)	变现时贴息	贴现各账期分开核算,分开计息
库存拍卖		100.0%(产品)80.0%(原料)			

说明：

(1) 长期贷款期限为 1~5 年，短期贷款期限为 4 个季（1 年）；

(2) 长期贷款借入当年不付息，第二年年初开始，每年按年利率支付利息，到期还本时支付最后一年利息；

(3) 短期贷款到期时，一次性还本付息；

(4) 长期贷款和短期贷款均不可提前还款。

具体操作示范，长期贷款如图 3-1 所示，短期贷款如图 3-2 所示，资金贴现如图 3-3 所示，库存拍卖如图 3-4 所示。

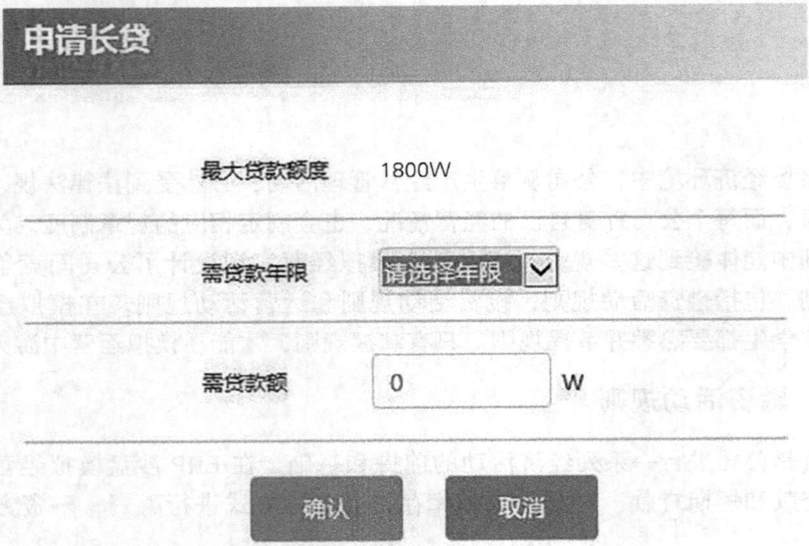

图 3-1　长期贷款

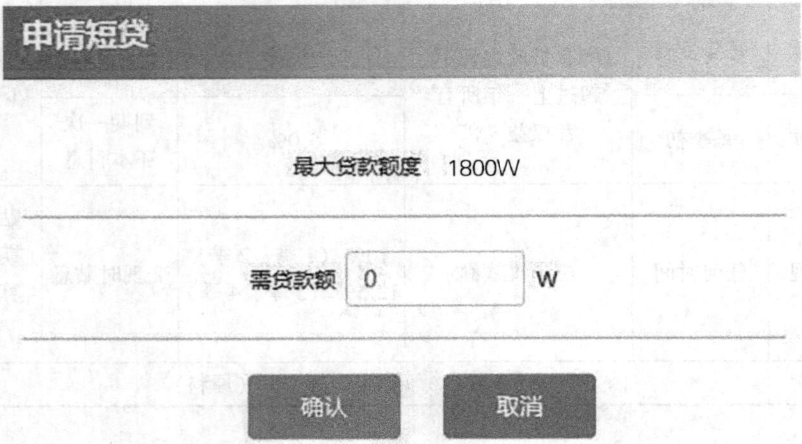

图 3-2　短期贷款

贴现

剩余账期	应收款	贴现额
1季	334 W	0 W
2季	0W	0 W

剩余账期	应收款	贴现额
3季	0W	0 W
4季	0W	0 W

确认　取消

图 3 - 3　资金贴现

出售库存

产品	库存数量	销售价格	出售数量
P1	0	20W/个	0
P2	4	30W/个	0
P3	3	40W/个	0
P4	0	50W/个	0

出售产品

原料	库存数量	销售价格	出售数量
R1	8	8W/个	0
R2	6	8W/个	0
R3	8	8W/个	0
R4	5	8W/个	0

出售原料

图 3 - 4　库存拍卖

二、投资活动规则

(一) 原料采购及订购原料的具体操作示范

原料采购指公司利用货币资金购买计划生产产品所需原料的活动,是公司准备活动主要内容之一。ERP沙盘模拟经营过程中,公司生产所需原料包括R1、R2、R3、R4四种。不同原料规定了不同的提前采购期,R1、R2的订购需提前一个季,而R3、R4的订购则需提前两个季,到期方可领料。原料信息见表3-2。下单前要仔细计划,订单时间过早、过多会造成原料积压,占用流动资金;订单时间过晚会造成停工待料,影响生产效率和订单交货。付款规则为订货时不付款。原料到达时,必须照单接收,立即付款。

表3-2 原料信息

名称	购买价格/(W/个)	提前期/季
R1	10	1
R2	10	1
R3	10	2
R4	10	2

订购原料的具体操作示范如图3-5所示。

图3-5 订购原料的具体操作示范

(二) 产品加工

1. 产品研发

若要生产某种产品,则先要获得该产品的生产许可证,而要获得生产许可证必须要经过产品研发这一过程。产品研发规则见表3-3。

表 3-3　产品研发规则

产品种类	研发费用/（W/个）	研发周期/季
P1	10	2
P2	10	3
P3	10	4
P4	10	5

产品研发费用按研发周期支付。在出现资金短缺时，公司可以选择随时中断或终止，但已投资的研发费用则不能撤回。如果公司停止研发的产品一段时间后又想继续研发，那么可以在原有投资的基础上继续计算研发时间和费用，实现原有研发的延期支付。研发过程中可以选择一种或多种产品进行研发。某种产品的研发周期全部投资完成后，才可以获得该产品的生产许可证，才能开工生产这种产品。产品研发的具体操作示范如图 3-6 所示。

图 3-6　产品研发的具体操作示范

2. 产品原料、加工费和成本

由于产品种类不同，因此其所需原料构成也不同。产品组成、加工费和直接成本见表 3-4。

表 3-4　产品组成、加工费和直接成本

名称	加工费/（W/个）	直接成本/（W/个）	产品组成	分值
P1	10	20	R1	7
P2	10	30	R2 + R3	8
P3	10	40	R1 + R3 + R4	9
P4	10	50	P1 + R1 + R3	10

3. ISO 资格认证及其具体操作示范

在公司的日常经营中，参与各类标准认证，有利于提高其管理水平、提高供货方的质量信誉，增强公司市场竞争力。ERP 沙盘模拟经营提供 ISO9000 质量认证体系和 ISO14000 环境质量管理体系两种标准供公司投资认证，ISO9000 和 ISO14000 体系都需要在两年内完成认证。ISO 认证见表 3-5。公司可以决定是否选择资格认证或认证其一还是两个都认证。认证过程中，公司可以随时停止投入资金，但已投入的资金不能撤回。公司必须投资认证两年才有资格争取市场中需要资格认证的订单。

表 3-5 ISO 认证

认证体系	开发费用/W	时间/年	分值
ISO9000	10 W/年 × 2 年 = 20	2	8
ISO14000	20 W/年 × 2 年 = 40	2	10

ISO 资格认证的具体操作示范如图 3-7 所示。

图 3-7 ISO 资格认证的具体操作示范

4. 生产线运营规则

ERP 沙盘模拟经营设计四种生产线用于生产产品。每条生产线都可以生产 P1、P2、P3、P4 四种产品，各种生产线的投资成本、安装时间、生产周期等规则说明见表 3-6。

表 3-6 生产线的规则说明

生产线	购置费/W	安装周期/季	生产周期/季	维修费/(W/年)	折旧/(W/年)	残值/W	转产周期/季	转产费/W	分值
超级手工线	35	无	2	5	10	5	无	无	0
自动线	150	3	1	20	30	30	1	20	8
柔性线	200	4	1	20	40	40	无	无	10
租赁线	0	无	1	65	无	-65	1	20	0

说明：

（1）不论何时出售生产线，只能按生产线残值价值出售，净值与残值之差计入损失；

（2）只有已经建成的并且空闲的生产线方可转产；

（3）当年建成的生产线，空闲、转产中的生产线都要交维修费；

（4）当生产线净值等于残值时生产线不再计提折旧，但可以继续使用；

（5）生产线建成第一年（当年）不计提折旧。

5. 厂房的购买、出售和租赁

ERP沙盘模拟经营设置三种厂房，大厂房（可容纳四条生产线）、中厂房（可容纳三条生产线）和小厂房（可容纳两条生产线）。厂房具体规则说明见表3-7。

表3-7 厂房具体规则说明

厂房	购买价格/W	租金/W	出售价格/W	容量/条	购买上限/个	分值
大厂房	400	40	400	4	4	10
中厂房	300	30	300	3	4	8
小厂房	180	18	180	2	4	7

说明：

（1）租用或购买厂房可以在任何季度进行。如果决定租用厂房或者厂房买转租，租金在开始租用时交付。

（2）厂房租入后，租期结束后才可做租转买、退租等处理，如果没有重新选择，系统自动做续租处理。

（3）如需新建生产线，则厂房须有空闲空间。

（4）当厂房中没有生产线时，才可以选择退租。

（5）厂房合计购/租上限为4。

（6）紧急情况下，已购厂房随时可以按原值出售，即厂房贴现。如果厂房内没有生产线，那么应得到4个账期的应收款；如果厂房内有生产线，那么应自动买转租，扣除4个账期贴息款和厂房租金后剩余款项即刻到账。厂房贴现的具体操作示范如图3-8所示。

图 3-8　厂房贴现的具体操作示范

三、运营活动规则

（一）市场开拓

市场是公司进行产品销售的场所，标志着公司的销售潜力。ERP 沙盘模拟经营设有本地、区域、国内、亚洲、国际五大市场可供开拓。公司对每个市场都可以进行投资开发，具体开发费用和时间不同。市场开拓规则见表 3-8。只有市场开拓完成，才能在此市场进行选单或竞单活动。

表 3-8　市场开拓规则

市场	开发费用/(W/年)	时间/年	分值
本地	10	1	7
区域	10	1	7
国内	10	2	8
亚洲	10	3	9
国际	10	4	10

说明：

市场开拓只能在每年的第四季进行操作。

市场开拓具体操作示范如图 3-9 所示。

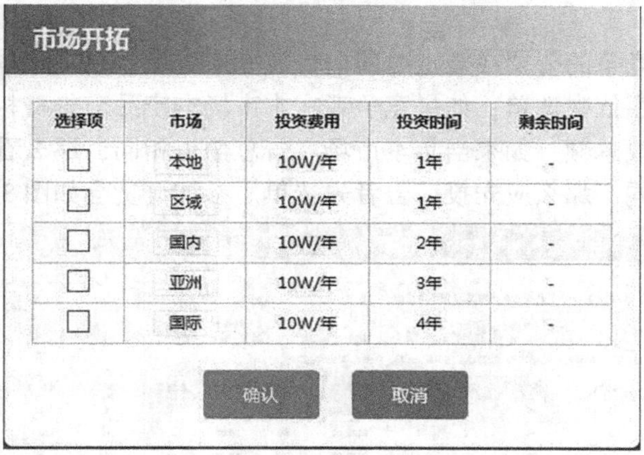

市场开拓

选择项	市场	投资费用	投资时间	剩余时间
☐	本地	10W/年	1年	-
☐	区域	10W/年	1年	-
☐	国内	10W/年	2年	-
☐	亚洲	10W/年	3年	-
☐	国际	10W/年	4年	-

图 3－9　市场开拓

（二）市场订单

1. 制定广告方案

除起始年外，每年年初，各公司的销售经理都要召开销售会议，了解市场需求和竞争态势，通过市场预测并结合自身公司实际情况，制定广告投放方案。公司经营者可在系统中查询市场预测相关数据，每个市场的订单数是有限的，并非只要投放广告就一定能够得到订单，某市场当选单组数大于市场提供订单数，广告投资额靠后的组则可能无法得到订单。广告投放要在做好决策的第一时间实施，否则将会影响订单的竞争力。

2. 广告费

投放广告费有两个目的：一是获得拿取订单的机会；二是决定选单顺序。如果投放 10 W 广告费，那么可获得一次选取订单机会，一次机会只允许取得一个订单；如果投放广告费小于 10 W 则无选单机会，但广告费仍在综合费用里支出，对计算市场广告费有效。广告费每多投 20 W 可增加一次选单机会，例如，投资额在 10W ~ 30W（不含）有 1 次选单机会，30 W（含） ~50 W（不含）有 2 次选单机会，50 W（含） ~70 W（不含）有 3 次选单机会，以此类推。每个市场的订单数量有限，并不是多投放广告就一定有多次选单机会。投放广告具体操作示范如图 3－10 所示。

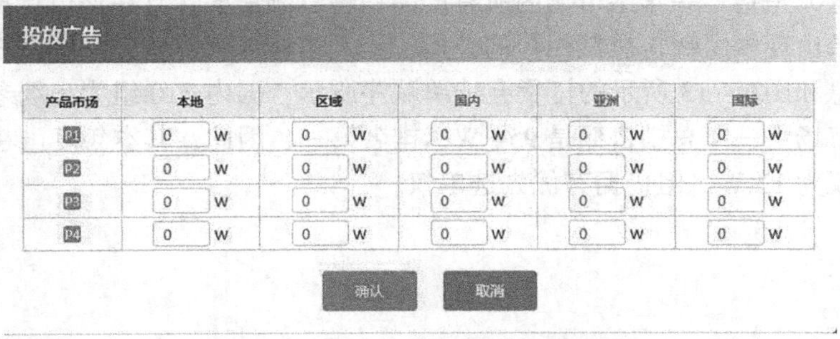

投放广告

产品市场	本地	区域	国内	亚洲	国际
P1	0 W	0 W	0 W	0 W	0 W
P2	0 W	0 W	0 W	0 W	0 W
P3	0 W	0 W	0 W	0 W	0 W
P4	0 W	0 W	0 W	0 W	0 W

图 3－10　投放广告的具体操作示范

3．选单规则

当所有参与竞争的公司在规定时间内投放完广告后，以当年本市场本产品广告费投放多少为顺序依次选单；如果竞争者在本市场本产品广告费相同，那么应看当年本市场广告投放总额；如果当年本市场广告总额也相同，那么看上年该市场销售排名；如果仍相同，那么应先投广告者先选单。参加订货会如图 3－11 所示。

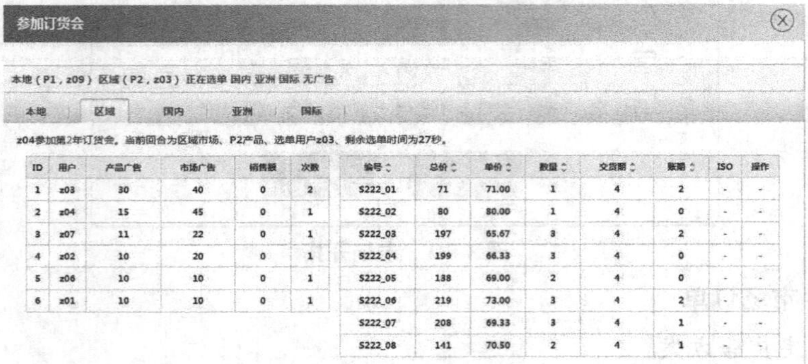

ID	用户	产品广告	市场广告	销售额	次数
1	z03	30	40	0	2
2	z04	15	45	0	1
3	z07	11	22	0	1
4	z02	10	20	0	1
5	z06	10	10	0	1
6	z01	10	10	0	1

编号	总价	单价	数量	交货期	账期	ISO	操作
S222_01	71	71.00	1	4	2	-	-
S222_02	80	80.00	1	4	0	-	-
S222_03	197	65.67	3	4	2	-	-
S222_04	199	66.33	3	4	0	-	-
S222_05	138	69.00	2	4	0	-	-
S222_06	219	73.00	3	4	2	-	-
S222_07	208	69.33	3	4	1	-	-
S222_08	141	70.50	2	4	1	-	-

图 3－11　参加订货会

说明：

（1）必须在倒计时大于 5 秒时选单，出现确认框要在 3 秒内确认，否则可能造成选单无效。

（2）每组每轮选单只能先选择 1 张订单，待所有投放广告组完成第一轮选单后如果还有订单，该市场该产品广告费大于等于 30 W 的组将获得第二轮选单机会，选单顺序和第一轮相同；第二轮选单完成后，该市场该产品广告费大于等于 50 W 的组将获得第三轮选单机会，选单顺序和第一轮相同，以此类推。

（3）在某细分市场（如本地、P1）有多次选单机会，只要放弃一次，就视为放弃该细分市场的所有选单机会。

（4）选单中如有特殊情况，学生应立即告知教师，教师会通过教师端操作，以暂停倒计时。

若系统参数设置中选择有市场老大，则市场老大有该市场所有产品优先选单权。

市场老大是指上一年某市场内所有产品销售总额最多，且在该市场没有违约的公司，如果出现多组销售总额相等的公司，则无市场老大。例如，如图 3－12 所示的公共信息和图 3－13 所示的订货会选单顺序所示，国内 Z10 组为市场老大，由于其在国内市场上一年总销售额是 954 W，排名第一，因此，其本年度虽在国内市场投资广告仅为 12 W，但仍拥有优先选单权。

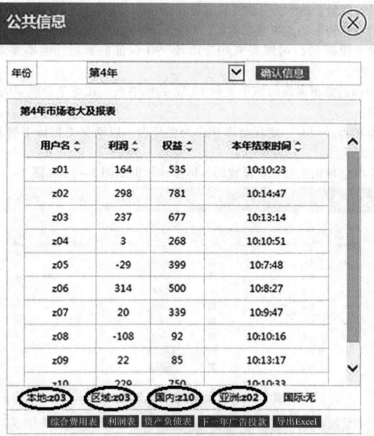

用户名	利润	权益	本年结束时间
z01	164	535	10:10:23
z02	298	781	10:14:47
z03	237	677	10:13:14
z04	3	268	10:10:51
z05	-29	399	10:7:48
z06	314	500	10:8:27
z07	20	339	10:9:47
z08	-108	92	10:10:16
z09	22	85	10:13:17

图 3－12　公共信息

ID	用户	产品广告	市场广告	销售额	次数
1	z10	12	45	954	1
2	z03	32	64	304	2
3	z05	21	42	657	1
4	z01	15	54	453	1

编号	总价	单价	数量	交货期	账期	ISO	操作
S332_01	274	68.50	4	4	2	■	-
S332_02	271	67.75	4	2	1	■	-
S332_03	272	68.00	4	4	2	■	-
S332_04	151	75.50	2	4	2	■	-
S332_05	224	74.67	3	4	1	■	-
S332_06	158	79.00	2	4	2	-	-

图 3－13　订货会选单顺序

4. 竞单会规则

ERP 沙盘模拟经营中教师端设置订单方案时，如果选择 12～15 组以上竞争者，那么系统会在第三年和第六年年初开设竞单会。参与竞标的订单标明了订单编号、

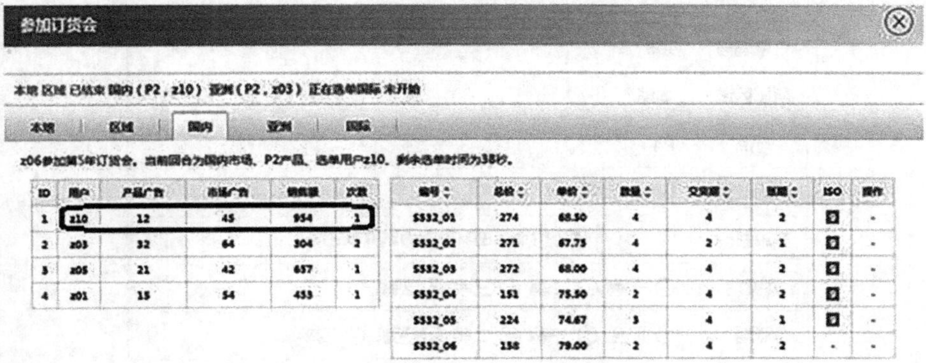

市场、产品、数量、ISO 资格认证要求等，而总价、交货期、账期三项则为空，竞争者可根据自身和市场竞争状态填写。竞标订单的相关要求说明如下：

（1）参与投标的公司需要有相应市场 ISO 认证的资质，但不要求具有生产资格；

（2）中标的竞单者需为该单支付 10 W 的标书费，在竞单会结束时一并扣除，计入广告费；

（3）竞单者必须有一定现金库存作为保证金，以确保支付标书费和订单的原料订购和生产费用。

参加竞单会和拍卖会竞价设置的具体操作示范如图 3 – 14 和图 3 – 15 所示。

参加竞单会

z04参加第3年竞单会，当前回合剩余竞单时间为17秒

订单编号	市场	产品	数量	ISO	状态	得单用户	总金额	交货期	账期
J01	本地	P1	3	9	已完成	-	-	-	-
J02	本地	P2	3	14	已完成	z07	90W	4季	0期
J03	本地	P4	2	-	已完成	-	-	-	-
J04	区域	P2	4	14	已完成	-	-	-	-
J05	区域	P3	3	9	已完成	-	-	-	-
J06	国内	P3	4	9	已完成	-	-	-	-
J07	国内	P3	2	14	设置竞价				
J08	国内	P4	2	9	设置竞价				

图 3 – 14　参加竞单会的具体操作示范

拍卖会竞价设置

订单编号	J03
所属区域	本地
产品	P4
产品数量	2
竞单总价	☐ W（价格范围100W到300W之间）
交货期	○一季 ○二季 ○三季 ○四季
账期	○现金 ○一季 ○二季 ○三季 ○四季

确认　　取消

图 3 – 15　拍卖会竞价设置的具体操作示范

5. 紧急采购

ERP 沙盘模拟经营中设置了紧急采购功能，即公司在经营过程中，如果经营不善，缺少少量产品和原料，那么可以采取紧急采购操作，其具体规则说明如下：

（1）付款即到货，可马上投入生产或销售，原料价格为直接成本的 2 倍，成品价格为直接成本的 3 倍。例如紧急采购 R1 或 R2，原料的单价为20 W/个，紧急采购 P1 单价为 60 W/个，紧急采购 P2 单价为 90 W/个。

（2）紧急采购原料和产品时，直接扣除现金。填写报表时，成本仍然按照直接成本计算，紧急采购多付出的成本计入综合费用表中的“其他”内。

（3）具体操作示范。

紧急采购的具体操作示范如图 3－16 所示。

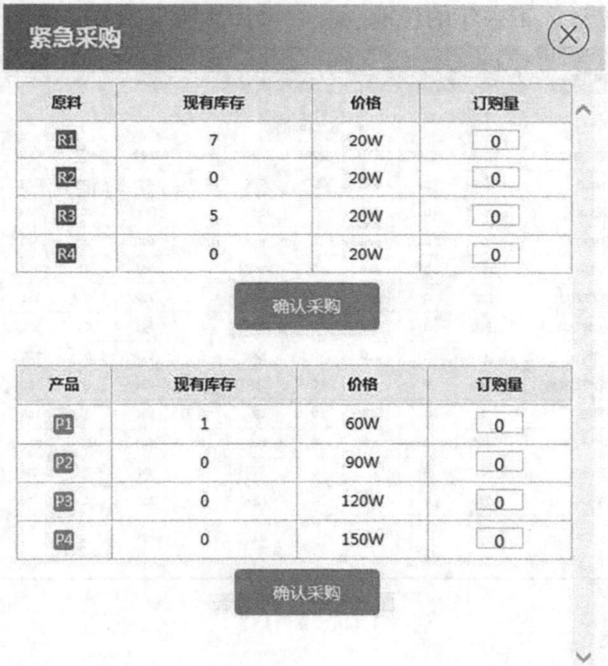

原料	现有库存	价格	订购量
R1	7	20W	0
R2	0	20W	0
R3	5	20W	0
R4	0	20W	0

产品	现有库存	价格	订购量
P1	1	60W	0
P2	0	90W	0
P3	0	120W	0
P4	0	150W	0

图 3－16　紧急采购的具体操作示范

6. 所得税

ERP 沙盘模拟经营中，公司一般要连续从事 6 个年度的生产经营活动。在模拟经营的前期，公司在产品开发、市场开拓、ISO 认证、厂房和生产线建设等方面投资较多，而此时由于受市场、产能等因素制约销售收入较少，因此必然是“亏损”状态，不存在所得税问题。当公司后期经营取得盈利后，尤其是首次出现应该交税的情况时，究竟应该交多少所得税，初学者往往感到很困惑，导致报表错误、现金流混乱。

公司所得税的规则是公司实现的税前利润（可在利润表中查询）可以先填补

之前年度的亏损,以弥补完亏损后的余额作为计税基数,所得税税率为25%。若计算出的结果是非整数,则四舍五入,即只保留整数,其计算公式为弥补亏损后的税前利润×25%。

如果某公司第一年到第五年的税前利润分别是 –280W、–93W、129W、341W、371W(图3–17),那么第四年该公司就已弥补上之前的亏损,需要上交所得税,即该公司第四年应交税金的计算方法为:

$$[(-280)+(-93)+129+341]\times 25\% = 24.25 \approx 24$$

第五年的应交税金则为:

$$371\times 25\% = 92.75 \approx 93$$

如若某公司实现的税前利润在弥补之前亏损后的计算结果为"1"则不纳税,但数额"1"则需计入下一年的税前利润中再计算所得税。

z01利润表

项目\年度	第1年 系统	第1年 用户	第2年 系统	第2年 用户	第3年 系统	第3年 用户	第4年 系统	第4年 用户	第5年 系统	第5年 用户
销售收入	0	0	849	0	1141	0	1463	0	1634	0
直接成本	0	0	360	0	460	0	600	0	740	0
毛利	0	0	489	0	681	0	863	0	894	0
综合管理费用	280	0	282	0	252	0	222	0	223	0
折旧前利润	-280	0	207	0	429	0	641	0	671	0
折旧	0	0	120	0	120	0	120	0	120	0
支付利息前利润	-280	0	87	0	309	0	521	0	551	0
财务费用	0	0	180	0	180	0	180	0	180	0
税前利润	-280	0	-93	0	129	0	341	0	371	0
所得税	0	0	0	0	0	0	24	0	93	0
净利润	-280	0	-93	0	129	0	317	0	278	0

图3–17 利润表

7. 破产处理

当某公司(竞争者)权益为负(指当年结束时系统生成资产负债表的所有者权益为负)或现金断流时(即现金为负数,但权益和现金可以为零),公司破产。

8. 取整规则

(1) 违约金扣除——四舍五入。
(2) 库存出售所得现金——向下取整。
(3) 贴现费用——向上取整。
(4) 贷款利息——四舍五入。
(5) 所得税——四舍五入。

9. 竞争排名和课程考核

课程的成绩评定及考核可以通过比赛的形式进行。比赛结果以参加模拟经营各组第六年结束后的最终所有者权益和分数进行评判，分数高者为优胜方。

如果出现最终权益相等的情况，那么参照各组第六年结束后的最终盘面计算盘面加分值，加分值高的组排名在前（排行榜只限于排名之用，不计入最终权益值）；如果加分值仍相等，那么比较第六年净利润，分数高者排名靠前；如果还相等，那么应让先完成第六年经营任务的组排名在前。

计算公式为：

（1）总成绩 = 所有者权益 ×（1 + 公司综合发展潜力/100）。

（2）公司综合发展潜力 = 市场资格分值 + ISO 资格分值 + 生产资格分值 + 厂房分值 + 各条生产线分值。

（3）生产线建成（包括转产）即加分，无须生产出产品，也无须有在制品；厂房只在购买状态下加分。

具体得分标准参考第三章表 3-1~表 3-8。

重要参数见表 3-9。

表 3-9 重要参数

参数	数值	参数	数值
违约金比例/%	20	贷款额倍数	3
产品折价率/%	100	原料折价率/%	80
长贷利率/%	10	短贷利率/%	5
1，2 期贴现率/%	10	3，4 期贴现率/%	12
初始现金/W	600	管理费/W	10
信息费/W	1	所得税率/%	25
最大长贷年限/年	5	最小得单广告额/W	10
原料紧急采购倍数	2	产品紧急采购倍数/倍	3
选单时间/秒	45	首位选单补时/s	15
市场同开数量/个	3	市场老大	有
竞单时间/秒	90	竞单同竞数/个	3
最大厂房数量/个	4		

四、网赛规则

如果参加模拟对抗组数较多，但是订单数量不足，那么 ERP 沙盘模拟经营具有可供 30~40 组竞争者开展全国性网络比赛的经营规则设置。全国各大院校学生可同时参与比赛，使模拟经营更具有挑战性、多样性和趣味性。

第四章

起始年运营模拟

一、年初准备工作

在 ERP 沙盘模拟经营过程中,由总经理领导组内成员按照公司经营的流程进行操作。在每项工作完成后,由总经理在相应的表格内打钩确认,以示完成。年度经营计划表见表 4-1。如果涉及现金收支业务,那么应在财务总监的协助下将现金收支的数额填写在相应方格内。

表 4-1 年度经营计划表

初始权益		600	第一季	第二季	第三季	第四季
年度规划/年初现金			600			
贴现	1Q					
	2Q					
	3Q					
	4Q					
贴息			0			
信息费						
广告费			0			
应交税金			0			
长贷利息			0			
偿还长期贷款			0			
申请长贷						
季初现金						
偿还短期贷款			0	0	0	0
支付利息			0	0	0	0

续表

初始权益	600	第一季	第二季	第三季	第四季
申请短期贷款					
原料入库					
购买厂房					
新建/在建生产线					
生产线转产					
生产线变卖					
紧急采购					
下一批生产					
应收款前现金缺口		正常	正常	正常	正常
更新应收款		0	0	0	0
按订单交货/0 账期		0	0	0	0
产品研发					
厂房处理/包括租用					
出售库存					
新市场开拓					0
ISO 资格认证					0
违约罚款					0
设备维护费用					
支付行政管理费		10	10	10	10
季末现金					

年初工作一共包括以下五项内容:

(一) 新年度规划会议

每年年初公司中高层应召开新年度规划会议,根据规则和市场预测确定新年度的公司战略、经营规划、设备投资规划、营销策划方案和财务预算等,具体包括:

(1) 产品组合,即本年度生产的产品种类及数量;
(2) 市场组合,即预开拓的细分市场;
(3) 广告策略,即与市场对应的广告投放额度;
(4) 产品研发规划;
(5) 采购管理规划;
(6) 资格认证规划;
(7) 生产线建设规划;

(8) 厂房规划。

每年的新年度规划会议中,公司各管理人员提出经营方案,财务总监进行现金的预算,填写现金预算表(表4-2),预算这一年中资金是否可以保证不断流,以便确定如何投资、交货的先后顺序等。最后,根据预算资金状况,总经理联同小组成员确定最终运营方案。

表4-2 现金预算表

项目	1	2	3	4
期初库存现金				
市场广告投入				
支付应付税				
支付长贷利息				
支付短贷利息/到期短贷				
原料采购支付现金				
购买/租用厂房支付现金				
生产线投资				
转产费用				
工人工资				
收到现金前的所有支出				
应收款到期				
产品研发现金支出				
新市场开拓/ISO 资格投资				
支付设备维护费				
计提折旧				
新市场/ISO 资格换证				
其他				
库存现金余额				

(二) 长期的贷款申请、更新、还款及利息

认真分析公司年度现金需求,包括年初的广告费、应付税金、长期贷款本息,各季原料费、加工费、生产线费用、厂房费用、研发费、管理费等,年末的市场开拓费、ISO 资格认证费和设备维护费等。分析后,确定是否需要长期贷款以及贷款额度。申请长贷如图4-1所示,选择贷款的数额和年限,单击"确认"。

图 4-1　申请长贷

原有长贷在新一年中还款期减少一年。支付当年长贷利息时，若有到期的长期贷款，则应归还本金和利息。

（三）广告投放

根据市场需求预测和公司销售目标和竞争情况，确定广告投放的细分市场和具体数额。

1. 市场预测

从市场预测可以查看各细分市场的需求数量和价格预测，然后，分析每一年各种产品价格优势、需求量和订单数量。市场预测——均价如图 4-2 所示，市场预测——需求量如图 4-3 所示，市场预测——订单数量如图 4-4 所示。

序号	年份	产品	本地	区域	国内	亚洲	国际
1	第2年	P1	49.15	50.22	0	0	0
2	第2年	P2	71.24	69.07	0	0	0
3	第2年	P3	90.42	87.96	0	0	0
4	第2年	P4	120.56	131.00	0	0	0
5	第3年	P1	50.18	53.94	48.65	0	0
6	第3年	P2	71.68	70.29	69.81	0	0
7	第3年	P3	94.35	92.65	91.86	0	0
8	第3年	P4	131.62	123.13	127.67	0	0
9	第4年	P1	50.04	53.79	50.19	49.60	0
10	第4年	P2	69.50	70.31	71.50	71.58	0
11	第4年	P3	93.14	87.05	89.89	92.43	0
12	第4年	P4	126.50	120.62	125.30	127.62	0
13	第5年	P1	48.06	53.58	50.00	50.42	51.00
14	第5年	P2	70.00	73.55	69.68	73.75	69.96

图 4-2　市场预测——均价

市场预测表——需求量

序号	年份	产品	本地	区域	国内	亚洲	国际
1	第2年	P1	27	18	0	0	0
2	第2年	P2	17	15	0	0	0
3	第2年	P3	24	26	0	0	0
4	第2年	P4	16	17	0	0	0
5	第3年	P1	17	18	23	0	0
6	第3年	P2	28	24	21	0	0
7	第3年	P3	23	20	22	0	0
8	第3年	P4	13	15	18	0	0
9	第4年	P1	23	14	16	25	0
10	第4年	P2	16	29	22	24	0
11	第4年	P3	14	19	18	23	0
12	第4年	P4	18	16	10	21	0
13	第5年	P1	16	19	16	26	19
14	第5年	P2	29	11	25	12	23

图4-3 市场预测——需求量

市场预测表——订单数量

序号	年份	产品	本地	区域	国内	亚洲	国际
1	第2年	P1	10	8	0	0	0
2	第2年	P2	6	7	0	0	0
3	第2年	P3	9	8	0	0	0
4	第2年	P4	7	7	0	0	0
5	第3年	P1	8	8	10	0	0
6	第3年	P2	10	10	10	0	0
7	第3年	P3	10	8	9	0	0
8	第3年	P4	6	6	8	0	0
9	第4年	P1	8	7	6	9	0
10	第4年	P2	7	9	8	9	0
11	第4年	P3	7	7	8	8	0
12	第4年	P4	7	7	6	8	0
13	第5年	P1	7	8	6	9	7
14	第5年	P2	10	7	9	6	7

图4-4 市场预测——订单数量

2. 销售目标

销售目标是指公司当年要完成的销售任务，以公司产能、在制产品和年初库存产品为基础。

3. 市场竞争

市场竞争由市场供求关系决定。在需求数量一定的情况下，产品生产数量越多，进入细分市场越集中，竞争强度则越大；公司生产规模越大，生产效率越高，资金越充足，经营能力越强，则意味着市场竞争能力越强。

4. *广告投放*

每年订货会中，广告费每投放 10 W（设定参数，可以修改，是最小得单广告额）可以获得一次选单机会，在此基础上每增加 20 W（最小得单广告额的 2 倍），就多一次选单机会。若广告投放额小于 10 W 则无选单机会，但广告费仍然扣除，则对计算市场广告额有效。广告投放额可以不是 10 的倍数，如 12 W 或 15 W。广告投放额高者优先选单。

（四）参加订货会（图 4－5）

按照公司年初制定的工作计划，依据广告投放、竞争态势、市场需求等条件与客户达成销售协议，公司得到订单。争取客户订单前，公司应以产能、设备投资计划等为依据，避免接单不足、设备闲置或盲目接单导致的无法及时交货，降低公司信誉。

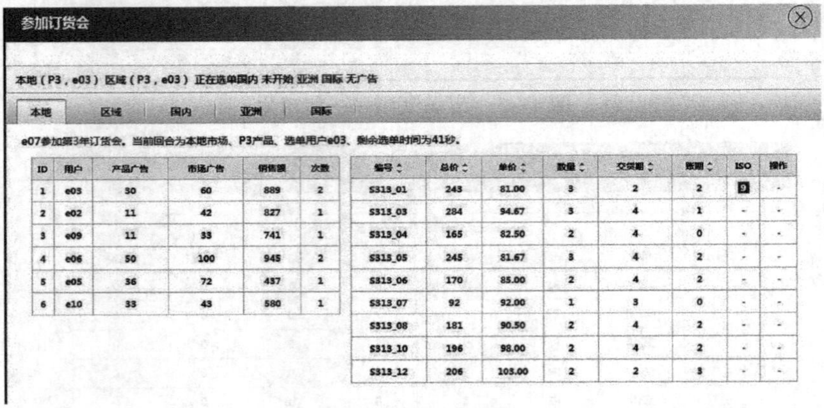

ID	用户	产品广告	市场广告	销售额	次数
1	e03	30	60	889	2
2	e02	11	42	827	1
3	e09	11	33	741	1
4	e06	50	100	945	2
5	e05	36	72	437	1
6	e10	33	43	580	1

编号	总价	单价	数量	交货期	账期	ISO	操作
S313_01	243	81.00	3	2	2	9	-
S313_03	284	94.67	3	4	1	-	-
S313_04	165	82.50	2	4	0	-	-
S313_05	245	81.67	3	4	2	-	-
S313_06	170	85.00	2	4	2	-	-
S313_07	92	92.00	1	3	0	-	-
S313_08	181	90.50	2	4	2	-	-
S313_10	196	98.00	2	4	2	-	-
S313_12	206	103.00	2	2	3	-	-

图 4－5　参加订货会

（五）支付应交税金

依法纳税是每个公司及公民应尽的义务。公司所得税是对公司在一定时期内的纯所得净收入额征收的税种。ERP 沙盘模拟经营系统规定，公司所得税为 25%，每年税前利润应先弥补以前年度的亏损，弥补亏损后税前利润乘以 25% 取整。例如，累计税前利润为 5 W，则所得税为 1.25 W，四舍五入为 1 W；若累计税前利润为 6 W，则应交所得税为 1.5 W，四舍五入为 2 W。

二、每季工作

（一）短期贷款/支付利息

短期贷款/支付利息主要包括更新短期贷款、还本付息、获得新贷款。

1. *更新短期贷款*

短期贷款指贷款期限在 1 年以内（含 1 年）的贷款。短期贷款一般用于借款公司生产、经营中的流动资金的需要。其优点是利率比长期贷款利率低，资金供给和偿还比较稳定；其缺点是不能满足公司长久资金的需求。与此同时，由于短期贷款还款时间短，公司对资金的需求会受到影响，因此，经营者需要按照计划不断进行短期贷款。

2. 还本付息

短贷的还款规则是利随本清。短贷到期时，系统一并结清本金与利息，要做好现金的收支记录工作。

3. 申请短贷

短贷只有在每季季初可以申请。可申请的最高额度为上一年所有者权益×3 并需减去已有长、短期贷款总额。例如，某公司已经申请长贷 300 W，上年所有者权益为 497 W，那么短贷的最大贷款额度为 1191W，如图 4-6 所示。

图 4-6　申请短贷

(二) 更新原料 (图 4-7)

当供应商发出的订货已运抵公司时，公司应按货到付款原则，无条件接收原料并支付原料款。

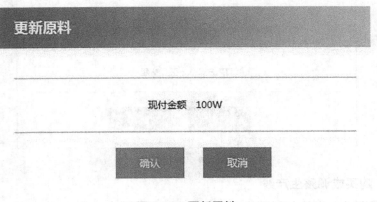

图 4-7　更新原料

(三) 订购原料（图4-8）

采购总监根据年初制定的采购计划，决定采购原料的品种及数量。

订购原料

原料	价格	运货期	数量
R1	10W	1季	2
R2	10W	1季	1
R3	10W	2季	3
R4	10W	2季	2

图4-8 订购原料

(四) 购租厂房

根据公司发展规划和实际经营状况，厂房可以购买也可以租用。系统中最多只可建设四个厂房，并且生产线不能在不同厂房间移动。购租厂房如图4-9所示。

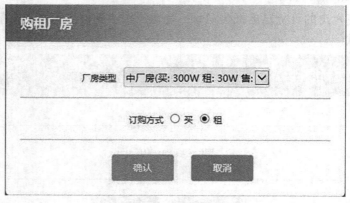

图4-9 购租厂房

(五) 购买或调整生产线

购买或调整生产线包括新建生产线、生产线转产和出售生产线。

1. 新建生产线（图 4-10）

新建生产线需选择厂房、生产线类型、生产产品品种。根据生产计划，确定新建生产线条数，每季可以操作一次，直至生产线位建满。需按投资设备总购买价值、安装周期做好现金收支记录。生产线在全部投资完成后的下一季将开始投入使用。

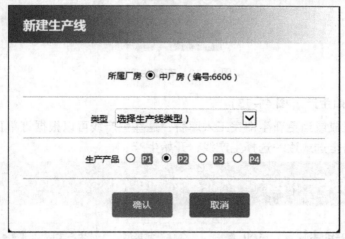

图 4-10 新建生产线

2. 生产线转产

生产线转产是指某生产线转产生产其他产品。不同的生产线转产所需时间及资金投入是不同的，参阅"生产线购买、转产与维修、出售"规则。如果生产线需要转产且该生产线需要一定的转产周期及转产费用，那么应按季支付转产费用。只有完成转产的生产线，才能开始进行生产。

3. 出售生产线（图 4-11）

根据公司经营状况，把在制品完工后空闲的生产线变卖出售。生产线出售后，从净值中按残值收回现金，净值高于残值的部分计入当年费用损失项目中。

选项	生产线编号	类型	开建时间	所属厂房	产品	净值	建成时间
☐	3363	半自动(3363)	第1年1季	大厂房(3141)	P1	10	第1年2季
☐	3359	手工线(3359)	第1年1季	大厂房(3141)	P2	5	第1年1季

图 4-11 出售生产线

（六）在建生产线（图 4-12）

所要投资的生产线需按季投资直到投资完毕，中途停止投资，则生产线待建，未完成。

图4-12 在建生产线

(七) 开始生产（图4-13）

生产线建成或当更新生产完工入库后，这些生产线可以根据订单目标开始生产新产品，单击全选或逐一选择生产线，开始生产。

图4-13 开始生产

(八) 应收款更新、贴现

1. 应收款更新（图4-14）

应收款是公司在与其他单位或个人之间因交易而形成的各种应收未收的债权，应收款更新是指应收款到期之后收入到达账户。

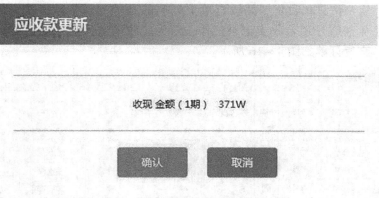

图 4-14　应收款更新

2. 贴现

贴现是指商业票据的持票人在汇票到期日前，为了取得资金，贴付一定利息将票据权利转让给银行的票据行为，是持票人向银行融通资金的一种方式，是将应收账款变成现金的行为。应收款贴现随时可以进行，一般在资金出现缺口且不具备银行贷款的情况下考虑应收款贴现。

(九) 产品研发投资

按照年初制定的产品研发计划，申请支付研发资金。每季只能操作一次，产品研发如图 4-15 所示。

图 4-15　产品研发

(十) 按订单交货

检查各成品库中的成品数量是否满足订单要求，若可以满足，则按照客户订单交付约定数量的产品给客户，并在订单登记表中登记该批产品的成本。必须按订单整单交货。客户按订单收货，并按订单上列明的条件支付货款，若为现金（0账期）付款，则需做好现金收支记录工作；若为应收账款，则需记录在应收账款相应账期处。交货订单如图4-16所示。

订单编号	市场	产品	数量	总价	得单年份	交货期	账期	ISO	操作
8-0016	本地	P2	3	16W	第2年	4季	1季	-	确认交货
8-0017	本地	P2	3	18W	第2年	4季	2季	-	确认交货
8-0018	本地	P2	3	18W	第2年	4季	1季	-	确认交货
8-0056	区域	P2	4	27W	第2年	4季	3季	-	确认交货
8-0057	区域	P2	5	35W	第2年	4季	2季	-	确认交货
8-0058	区域	P2	4	28W	第2年	4季	1季	-	确认交货

图4-16 交货订单

（十一）厂房处理（图4-17）

在用购置的厂房且无生产线，可卖出；如有生产线卖出后，自动转为租用并扣除当年租金。

租入的厂房如离上次付租金满一年，可租转买，扣除现金；若无生产线，则可退租。

图4-17 厂房处理

（十二）支付管理费

公司管理部门发生的费用，系统每季结束后自动扣除10W。当季结束如图4-18所示。

图 4-18　当季结束

三、年末工作

（一）市场开拓

选择要开拓的市场区域（本地、区域、国内、亚洲、国际），投入开发费用，如图 4-19 所示，并做好现金支出记录工作。只有开拓完毕的市场才能投放广告获得订单。市场开拓只能在每年第四季操作一次，开拓可以中断，但不能提前。

选择项	市场	投资费用	投资时间	剩余时间
✓	本地	10W/年	1年	-
✓	区域	10W/年	1年	-
✓	国内	10W/年	2年	-
☐	亚洲	10W/年	3年	-
☐	国际	10W/年	4年	-

图 4-19　市场开拓

(二) 资格认证投资

ISO9000 和 ISO14000 分别代表的是国际标准化组织制定的质量管理体系标准和环境管理体系标准。只有 ISO 认证完毕并且在投放广告时投放了相应订单市场，才能取得相应的具有 ISO 资质的订单。资格认证如图 4-20 所示。

图 4-20 资格认证

(三) 支付设备维护费

已建成的每条生产线都要支付相应维护费，系统自动扣除，未建成生产线不计设备维护费。

(四) 计提折旧

厂房不计提折旧，当年建成生产线当年不计提折旧，手工线、自动线、柔性线折旧年限参看规则。

(五) 年终结账

经营一年后年终要做一次"盘点"，编制完成综合费用表、利润表和资产负债表。分析当年经营成果，为下一年的生产经营做好准备。

四、编写报表

ERP 沙盘模拟经营中与财务相关的报表主要有订单登记表、现金计划表、综合费用表、利润表和资产负债表。其中，前两张属于内部报表，可以根据公司自身经营管理需要设计，没有固定格式和内容；后三张则属于外部报表，根据会计准则要求编制，有固定格式和内容。这里主要介绍后三张报表。

(一) 综合费用表 (图 4-21)

(1) 综合费用表中设定管理费是固定的，分别在每季末由系统自动扣除。

(2) 广告费按年初参加订货会时各细分市场投放的广告总额计算。

(3) 设备维护费是年末已安装完成的生产线，无论是否开工生产，由系统自动扣除当年维护费。

(4) 对于自动线和租赁线，若转产，则需支付转产费。
(5) 租金是已租厂房租金之和。
(6) 市场准入开拓费用是每年用于开拓市场的费用总和。
(7) ISO 认证资格费用。
(8) 产品研发费是每年用于产品开发费用之和。
(9) 信息费是查看其他公司经营信息所花费用之和。
(10) 其他，包括库存折价出售、生产线变卖、紧急采购、订单违约金等损失项目之和。其中，生产线变卖发生的损失，为净值与残值之差。

项目	金额
管理费	40W
广告费	112W
设备维护费	380W
转产费	0W
租金	176W
市场准入开拓	20W
ISO 认证资格	0W
产品研发费	30W
信息费	0W
其他	0W
合计	758W
提交	保存

图 4-21 综合费用表

（二）利润表（图 4-22）

利润表是指反映公司一定会计期间生产经营成果的会计报表。公司一定会计期间的经营成果既可能表现为盈利，也可能表现为亏损，因此，利润表也被称为损益表。它全面揭示了公司在某一特定时期实现的各种收入、发生的各种费用、成本或支出，以及公司实现的利润或发生的亏损情况。

利润表是根据"收入 - 费用 = 利润"的基本关系来编制的，其具体内容取决于收入、费用、利润等会计要素及其内容。利润表项目是收入、费用和利润要素内容的具体体现。从反映公司经营资金运动的角度看，它是一种反映公司经营资金动态表现的报表，主要提供有关公司经营成果方面的信息，属于动态会计报表。

我国公司的利润表采用多步式结构，对当期收入、费用、支出项目按性质归类，按利润形成的主要环节列示一些中间性利润指标，分步计算当期损益，反映利润来源、减项及其结构。

项目	金额
销售收入	2386W
直接成本	930W
毛利	1456W
综合管理费用	758W
折旧前利润	698W
折旧	200W
支付利息前利润	498W
财务费用	207W
税前利润	291W
所得税	73W
净利润	218W
提交	保存

图 4-22 利润表

多步式损益表分以下几步展示公司的经营成果及其影响因素。

第一步：反映销售额，完成订单销售额。

第二步：反映销售毛利，即销售净额减销售成本后的余额。

第三步：反映销售利润，即销售毛利减销售费用、管理费用、财务费用等期间费用后的余额。

第四步：反映营业利润，即销售利润加上其他业务利润后的余额。

第五步：反映利润总额，即营业利润加（减）投资净收益，营业外收支，会计方法变更对前期损益的累积影响等项目后的余额。

第六步：反映所得税后利润，即利润总额减应交所得税（支出）后的余额。

（1）销售收入无论现金是否到账，根据订单登记表已完成的销售额合计数填列。

（2）直接成本按所销售产品的生产成本合计数填列。

（3）毛利是销售收入减去直接成本后的差额，系统自动计算。

（4）综合管理费用由综合费用表中取得。

（5）折旧前利润是毛利减去综合费用后的差额，系统自动计算。

（6）折旧年末由系统自动扣减，当年建成的生产线，在下一年计提折旧。待折旧计提满后，应继续使用的生产线，不再计提折旧。

（7）支付利息前利润是折旧前利润减去折旧后的差额。

（8）财务费用是公司为筹集生产经营所需资金等而发生的筹资费用，包括长期贷款、短期贷款的利息费用和应收款资金贴现或厂房的贴现费用。

（9）税前利润是公司交纳所得税以前的计税利润，是支付利息前利润减去财务费用后的差额。

（10）公司所得税按照税前利润乘以所得税税率计算，如果以前年度发生过亏损，那么税前利润首先弥补前几年亏损，弥补后的余额乘以税率交税。

（11）年度净利润是税前利润减去所得税的差额。

（三）资产负债表（图4-23）

资产负债表是反映公司全部资产、负债和所有者权益情况的会计报表，是公司经营活动的静态体现，根据"资产＝负债＋所有者权益"这一平衡公式，依照一定的分类标准和一定的次序，将某一特定日期的资产、负债、所有者权益的具体项目予以适当的排列编制而成。它表明的是公司在某一特定日期所拥有或控制的经济资源、所承担的现有义务和所有者对净资产的要求权。它是一张揭示公司在一定时间点财务状况的静态报表。资产负债表利用会计平衡原则，将合乎会计原则的资产、负债、股东权益交易科目分为"资产"和"负债及股东权益"两大区块，在经过分录、转账、分类账、试算、调整等会计程序后，以特定日期的静态公司情况为基准，浓缩成一张报表。其报表功用除了公司内部除错、显示经营方向、防止弊端外，也可让所有经营者用最短时间了解公司经营状况。

资产	期末金额	负债和所有者权益	期末金额
流动资产		负债	
现金	3W	长期负债	784W
应收款	998W	短期负债	1076W
在制品	400W		
特别贷款	0W		
产成品	30W	应交税金	73W
原材料	0W		
流动资产合计	1431W	负债合计	1983W
固定资产		所有者权益	
土地和建筑	0W	股东资本	600W
机器与设备	740W	利润留存	20W
在建工程	600W	年度净利	218W
固定资产合计	1340W	所有者权益合计	838W
资产	2771W	负债和所有者权益	2771W
提交		保存	

图4-23 资产负债表

资产负债表反映的是公司资产、负债、所有者权益的总体规模和结构,即资产分流动资产、固定资产。流动资产分货币资金、应收账款、在制品、库存等。固定资产分厂房、设备、在建工程等。负债分长、短期贷款和应交税金。所有者权益包括股东资本、利润留存、年度净利等。

在资产负债表中,资产按流动性大小进行列示,具体分为流动资产、长期投资、固定资产、无形资产及其他资产;负债也按流动性大小进行列示,具体分为流动负债、长期负债等;所有者权益是指公司资产扣除负债后,由所有者享有的剩余权益,按实收资本、利润留存、年度净利等项目分项列示。

流动资产部分:

(1) 现金为当年结束后的剩余现金;

(2) 应收款是指期末结账时的余额,从右上角财务信息直接获取;

(3) 在制品查看ERP电子盘面生产线上产品数量乘以直接成本取得;

(4) 产成品通过仓库中产品数量乘以直接成本取得;

(5) 原料可以盘点原料库的数量乘以购进成本取得。

以上五项加起来得到流动资产合计数;

固定资产部分:

(1) 厂房按购买的机器与设备填列;

(2) 机器与设备按已建成的生产线净值之和填列;

(3) 在建工程按在建生产线已投资总额填列;

负债与所有者权益部分:

(1) 长期负债按合计数填列;

(2) 短期负债按合计数填列;

(3) 应交税金按照公司所得税金额填列;

(4) 股东资本在没有再注资情况下,仍为原数据;

(5) 利润留存由上年度利润与前一年度利润留存相加得到;

(6) 年度净利利润表中已算出。

(4) ~ (6) 三项之和为所有者权益合计。负债和所有者权益总计为负债和所有者权益之和。

第五章

模拟实战案例

第十四届 ERP 沙盘模拟大赛河北省省赛实战案例 1

一、案例背景

本书所选两则案例是"第十四届全国大学生'新道杯'沙盘模拟经营大赛河北赛区总决赛"中某两队的实战情况。比赛采用新道新商战沙盘系统 V5.0(简称"商战")运营公司,初始现金为 600 W,模拟运营 6 年,根据最终得分高低排名。比赛前三天组委会公布比赛经营规则,此次比赛规则与本书教学系统的主要区别具体有以下几方面。

(一)生产设备

所用生产线如表 5-1 所示。

表 5-1 生产线

名称	投资总额/W	每季投资额/W	安装周期/季	生产周期/季	转产费用/W	转产周期/季	维修费(W/年)	残值/W	折旧费/W	折旧时间/年	分值
手工线	40	40	0	2	0	0	10	10	10	4	0
租赁线	0	0	0	1	20	1	65	-65	0	0	0
自动线	150	50	3	1	20	1	20	30	30	5	8
柔性线	200	50	4	1	0	0	20	40	40	5	10

（二）产品研发

产品组成、开发、加工费和直接成本如表 5-2 所示。

表 5-2　产品组成、开发、加工费和直接成本

名称	开发费/(W/季)	开发时间/季	加工费/W	直接成本/W	分值	产品组成
P1	10	2	10	20	7	R1×1
P2	10	3	10	30	8	R2×1 R3×1
P3	10	4	10	40	9	R1×1 R3×1 R4×1
P4	10	5	10	50	10	R4×1 R5×1 P1×1
P5	10	6	10	60	12	R2×1 R5×1 P2×1

开发费用在季末支付，不允许加速投资，但可以中断投资。已投资的研发费不能回收。如果开发没有完成，那么"系统"不允许开工生产。

（三）原料设置

原料设置如表 5-3 所示。

表 5-3　原料设置

名称	购买单价/W	提前期/季
R1	10	1
R2	10	1
R3	10	2
R4	10	2
R5	10	2

说明：
（1）没有下订单的原料不能采购入库；
（2）所有下订单的原料到期必须采购入库；
（3）原料采购入库时必须支付现金。

（四）间谍

考虑到商业情报的获取问题，每年运行完成后，裁判组会调整间谍费用。本次商战，各参赛队在系统中可以进行免费间谍活动，以获取现场各队的情报。

（五）竞单会

系统一次放出五张订单同时竞争，并显示所有订单。参与竞标的订单标明了订单编号、市场、产品、数量、ISO 要求等，而总价、交货期、账期三项为空。竞标订单的相关要求说明如下：

1. 投标资质

需要有相应市场、ISO 认证的资质，但不必有生产资格。中标的公司需为该单支付 10W 标书费，计入广告费，即必须有一定现金库存作为保证金。如果某队同时竞 5 张订单，库存现金为 74 W，已经竞得 3 张订单，那么扣除了 30 W 标书费后，还剩余 44 W 库存现金，则不能继续参与竞单，因为万一再竞得 5 张竞单，44 W 库存现金不足以支付标书费 50 W。如果公司已经投标，之后又因进行了某些活动而扣除了现金，导致其现金短缺不够交招标费，则系统自动回收其所竞得的相应订单。

为防止恶意竞单，对竞得单张数进行限制，（如果已竞的单数 + 本次同时竞单数）* 10（即最小得单广告额）> 现金余额，则不能继续竞单。参赛队数指经营中的队伍数，若破产继续经营也算在其内，破产退出经营则不算其内。如果某年竞单，共有 20 张，20 队参与竞单，当 1 队已经得到 6 张竞单，因为 6 > ROUND（5 × 20/20），所以不能继续竞单；但如果已经竞得 5 张竞单，则可以继续参与。

2. 投标

参与投标的公司须根据所投标的订单，在系统规定时间（60 秒，以倒计时秒形式显示）内填写总价、交货期、账期三项内容，确认后由系统按照：得分 = 100 + （5 − 交货期）× 2 + 应收账期 − 8 × 总价/（该产品直接成本 × 数量），以得分最高者中标。如果计算分数相同，则先提交者中标。各投标公司必须为竞单留足时间，如在倒计时 ≤ 5 秒再提交，那么可能无效。

（六）扣分规则

1. 运行超时扣分

运行超时有两种情况：一是指不能在规定时间完成广告投放（可提前投广告）；二是指不能在规定时间完成当年经营（以单击系统中"当年结束"并确认为准）。处罚标准为按总分每分钟 30 分（不满 1 分钟按 1 分钟算）计算罚分，最多不能超过 10 分钟。如果到 10 分钟后还不能完成相应的运行，那么将取消其参赛资格，同时投放广告时间、完成经营时间及提交报表时间系统均会记录，作为扣分依据。

2. 报表错误

本次比赛要求各参赛队填写报表，报表错误扣 50 分/次。

3. 系统还原

参赛期间，原则上不支持进行系统还原操作，如果参赛队要求进行系统还原，那么第一次还原扣 200 分，第二次还原扣 500 分，没有第三次还原机会。

4. 其他违规扣分

在运行过程中，下列情况属于违规：

（1）对裁判正确的判罚不服从；

（2）在比赛期间擅自到其他赛场走动；

（3）指导教师擅自进入比赛现场；

(4) 其他严重影响比赛正常进行的活动。

如有以上行为者，视情节轻重，扣除该队总得分的 200~500 分。

二、经营流程

团队 1 在比赛中 6 年的实战经营情况流程

团队 1 在比赛中 6 年的实战经营情况流程如表 5-4~表 5-9 所示。

表 5-4　第一年经营流程

年初	现金 600 W，所有者权益 600 W
第一季	租用大厂房 9272（40 W） 新建 4 条柔性线生产 P2（9300、9286、9280、9294　200 W） 产品研发 P5（10 W） 支付行政管理费（10 W） 现金余额 340 W
第二季	申请短贷 109 W 在建 4 条柔性线生产 P2（9300、9286、9280、9294　200 W） 产品研发 P2、P5（20 W） 支付行政管理费（10 W） 现金余额 219 W
第三季	申请短贷 169 W 订购原料（4R3） 在建 4 条柔性线生产 P2（9300、9286、9280、9294　200 W） 产品研发 P2，P5（20 W） 支付行政管理费（10 W） 现金余额 158 W
第四季	申请短贷 309 W 订购原料（4R2，4R3） 在建 4 条柔性线生产 P2（9300、9286、9280、9294　200 W） 产品研发 P2、P5（20 W） ISO9000、ISO14000 投资（30 W） 本地、区域、国内、亚洲、国际市场开拓（50 W） 支付行政管理费（10 W） 现金余额 157 W
年末	现金余额 157 W，所有者权益 370 W 获得 P2 生产资格 取得本地市场和区域市场准入资格

表 5-5 第二年经营流程

年初	间谍获取所有参赛团队的公司资料 投放广告 139 W，选单 2 张（①本地 4 个 P5，交货期 4 季，账期 2 季，总价 634 W；②区域 4 个 P2，交货期 3 季，账期 2 季，总价 296 W），申请 5 年期长贷 254 W 申请短贷 39 W 现金余额 311 W
第一季	原料入库（4R2，4R3 80 W） 订购原料（4R2，4R5） 4 条柔性线开始生产 P2（9300、9286、9280、9294 40 W） 产品研发 P5（10 W） 支付行政管理费（10 W） 支付厂房（ID：9272）租金（40 W） 现金余额 131 W
第二季	支付短贷利息（5 W），归还短贷 109 W 申请短贷 269 W 原料入库（4R2，4R3 80 W） 订购原料（4R2，4R3） 4 条柔性线开始生产加工 P2（9300、9286、9280、9294 40 W） 产品研发 P5（10 W） 贴现得现金 36 W（贴现 2 账期应收款 40 W，贴息 4 W） 选单订单交货（4P2 296 W） 支付行政管理费（10 W） 现金余额 182 W
第三季	支付短贷利息（8 W），归还短贷 169 W 申请短贷 239 W 原料入库（4R2，4R5 80 W） 订购原料（4R2，4R3，4R5） 获得 P5 生产资格 4 条柔性线转产并开始生产 P5（9300、9286、9280、9294 40 W） 支付行政管理费（10 W） 现金余额 114 W

续表

第四季	贴现得现金 216 W（贴现 1 账期应收款 240 W，贴息 24 W） 支付短贷利息（15 W），归还短贷 309 W 申请短贷 309 W 原料入库（4R2，4R　380 W） 订购原料（8R2，4R3，4R5） 4 条柔性线转产并开始生产 P2（9300、9286、9280、9294 40 W） 应收款更新 16 W 选单订单交货（4P5　634 W） 国内、亚洲、国际市场开拓（30 W） ISO9000、ISO14000 投资（30 W） 支付 4 条柔性线设备维修费用（9300、9286、9280、9294 80 W） 支付行政管理费（10 W） 现金余额 61W
年末	现金余额 61 W，所有者权益 505W 获得 ISO9000 和 ISO14000 资格认证 取得国内市场准入资格

表 5－6　第三年经营流程

年初	间谍获取所有参赛团队的公司资料 贴现得现金 54 W（贴现 2 账期应收款 60 W，贴息 6 W） 贴现得现金 36 W（贴现 2 账期应收款 40 W，贴息 4 W） 投放广告 108 W，选单 3 张（①本　地 4 个 P5，交货期 4 季，账期 3 季，总价 625 W；②区域 3 个 P5，交货期 3 季，账期 1 季，总价 450 W；③区域 2 个 P5，交货期 4 季，账期 2 季，总价 302 W） 支付竞单会标书费 10 W（竞得本地市场 4 个 P5，交货期 2 季，账期 0 季，总价 680 W） 支付长贷利息 25 W 贴现得现金 45 W（贴现 2 账期应收款 50 W，贴息 5 W） 申请 5 年期长贷 304 W 支付短贷利息 2 W，归还短贷 39 W 申请短贷 139 W 现金余额 455 W

续表

第一季	原料入库（8R2，4R3，4R5 160 W） 订购原料（8R2，4R3，4R5） 租用大厂房 ID：7369（40 W） 新建4条租赁线生产 P2（7386、7380、7396、7392 40 W） 4条柔性线转产并开始生产 P5（9300、9286、9280、9294 40 W） 支付行政管理费（10 W） 支付厂房 ID：9272 租金（40 W），现金余额125 W
第二季	贴现得现金162 W（贴现1账期应收款180 W，贴息18 W） 支付短贷利息（13 W），归还短贷269 W 申请短贷269 W 原料入库（8R2，4R3，4R5 160 W） 订购原料（8R2，4R3，4R5） 4条柔性线开始生产加工 P5（9300、9286、9280、9294 40 W） 4条租赁线开始生产加工 P2（7386、7380、7396、7392 40 W） 应收款更新304 W 竞单订单交货（4P5 680 W 账期0季） 支付行政管理费（10 W），现金余额1 008 W
第三季	支付短贷利息（12 W），归还短贷239 W 申请短贷239 W 原料入库（8R2，4R3，4R5 160 W） 订购原料（8R2，4R3，4R5） 4条柔性线开始生产加工 P5（9300、9286、9280、9294 40 W） 4条租赁线开始生产加工 P2（7386、7380、7396、7392 40 W） 紧急采购（1个 P5，180 W） 选单订单交货（3P5 450 W 账期1季） 选单订单交货（2P5 302 W 账期2季） 支付行政管理费（10 W），现金余额566 W
第四季	支付短贷利息（15 W），归还短贷309 W 申请短贷309 W 原料入库（8R2，4R3，4R5 160 W） 订购原料（8R2，4R3，4R5） 4条柔性线开始生产加工 P5（9300、9286、9280、9294 40 W） 4条租赁线开始生产加工 P2（7386、7380、7396、7392 40 W）

续表

	选单订单交货（4P5 625 W 账期3季） 应收款更新 450 W 亚洲、国际市场开拓（20 W） 支付4条柔性线设备维修费用（9300、9286、9280、9294 80 W） 支付4条租赁线设备维修费用（7386、7380、7396、7392 260 W） 支付行政管理费（10 W），现金余额 391 W
年末	现金余额 391 W，所有者权益 753W 取得亚洲市场准入资格

表 5-7 第四年经营流程

年初	间谍获取所有参赛团队的公司资料 投放广告 252 W，选单4张（①本地4个P5，交货期4季，账期3季，总价 573 W；②区域4个P5，交货期4季，账期1季，总价 629 W；③国内4个P5，交货期4季，账期1季，总价 627 W；④亚洲4个P5，交货期4季，账期2季，总价 617 W） 交纳所得税 51 W 支付长贷利息 56 W 申请5年期长贷 304 W 支付短贷利息（7 W），归还短贷 139 W 申请短贷 409 W 现金余额 599 W
第一季	原料入库（8R2、4R3、4R5 160 W） 订购原料（8R2、4R3、4R5） 租用大厂房 ID：4104（40 W） 4条柔性线生产 P1（4112、4116、4120、4125 200 W） 4条租赁线开始生产加工 P2（7386、7380、7396、7392 40 W） 4条柔性线开始生产加工 P5（9300、9286、9280、9294 40 W） 选单订单交货（4P5 629 W 账期1季） 应收款更新 302 W 产品研发 P4（10 W） 支付行政管理费（10 W） 支付厂房租金（厂房 ID：9272 40 W） 支付厂房租金（厂房 ID：7369 40 W） 现金余额 321 W

续表

第二季	支付短贷利息（13 W），归还短贷 269 W 申请短贷 439 W 原料入库（8R2，4R3，4R5 160 W） 订购原料（8R2，4R3，4R5） 在建 4 条柔性线（4112、4116、4120、4125 200 W） 4 条租赁线开始生产加工 P2（7386、7380、7396、7392 40 W） 4 条柔性线开始生产加工 P5（9300、9286、9280、9294 40 W） 应收款更新 629 W 产品研发 P4（10 W） 选单订单交货（4P5 617 W 账期 2 季） 支付行政管理费（10 W） 现金余额 647 W
第三季	支付短贷利息（12 W），归还短贷 239 W 申请短贷 239 W 原料入库（8R2，4R3，4R5 160 W） 订购原料（8R2，4R3，4R5） 在建 4 条柔性线生产 P1（4112、4116、4120、4125 200 W） 4 条租赁线开始生产加工 P2（7386、7380、7396、7392 40 W） 4 条柔性线开始生产加工 P5（9300、9286、9280、9294 40 W） 选单订单交货（4P5 627 W 账期 1 季） 应收款更新 625 W 产品研发 P1、P4（20 W） 支付行政管理费（10 W） 现金余额 790 W
第四季	支付短贷利息（15 W），归还短贷 309 W 申请短贷 309 W 原料入库（8R2，4R3，4R5 160 W）， 订购原料（8R2，4R3，4R4，8R5，4R1） 在建 4 条柔性线 P1（4112、4116、4120、4125 200 W） 4 条租赁线开始生产加工 P2（7386、7380、7396、7392 40 W） 4 条柔性线开始生产加工 P5（9300、9286、9280、9294 40 W） 选单订单交货（4P5 573 W 账期 3 季） 应收款更新 1 244 W 产品研发 P1、P4（20 W） 国际市场开拓（10 W）

第四季	支付行政管理费（10 W） 支付 4 条柔性线设备维修费用（9300、9286、9280、9294 80 W） 支付 4 条租赁线设备维修费用（7386、7380、7396、7392 260 W） 现金余额 1 199 W
年末	现金余额 1 199 W，所有者权益 1 054 W 获得 P1 生产资格 取得国际市场准入资格

表 5-8　第五年经营流程

年初	间谍获取所有参赛团队的公司资料 投放广告 298 W，选单 6 张（①区域 2 个 P4，交货期 4 季，账期 1 季，总价 229 W；②亚洲 2 个 P4，交货期 4 季，账期 2 季，总价 280 W；③本地 4 个 P5，交货期 3 季，账期 3 季，总价 590 W；④区域 4 个 P5，交货期 4 季，账期 1 季，总价 568 W；⑤国内 4 个 P5，交货期 2 季，账期 1 季，总价 594 W；⑥国际 3 个 P5，交货期 4 季，账期 4 季，总价 480 W） 交纳所得税 100 W 支付长贷利息 86 W 申请 5 年期长贷 704 W 支付短贷利息 20 W，归还短贷 409 W 申请短贷 509 W 现金余额 1 499 W
第一季	原料入库（8R2，4R3，4R5，4R1　200 W） 订购原料（8R2，4R3，4R5） 租用大厂房 ID：5193（40 W） 新建 4 条柔性线生产 P1（5925、5930、5935、5939　200 W） 4 条柔性线开始生产加工 P1（4112、4116、4120、4125　40 W） 4 条租赁线开始生产加工 P2（7386、7380、7396、7392　40 W） 4 条柔性线开始生产加工 P5（9300、9286、9280、9294　40 W） 产品研发 P4（10 W） 选单订单交货（4P5　590 W 账期 3 季） 支付行政管理费（10 W） 支付厂房租金（厂房 ID：9272　40 W） 支付厂房租金（厂房 ID：7369　40 W） 支付厂房租金（厂房 ID：4104　40 W） 现金余额 799 W

续表

第二季	支付短贷利息（22 W），归还短贷 439 W 申请短贷 539 W 原料入库（8R2、4R3、4R4、8R5 240 W） 订购原料（4R1、8R2、4R3、4R4、8R5） 在建 4 条柔性线（5935、5939、5925、5930 200 W） 获得 P4 生产资格 4 条柔性线转产生产加工 P4（4112、4116、4120、4125 40 W） 4 条租赁线开始生产加工 P2（7386、7380、7396、7392 40 W） 4 条柔性线开始生产加工 P5（9300、9286、9280、9294 40 W） 选单订单交货（4 个 P5 594 W 账期 1 季） 支付行政管理费（10 W），现金余额 307 W
第三季	支付短贷利息（12 W），归还短贷 239 W 申请短贷 239 W 原料入库（4R1、8R2、4R3、4R5 200 W） 订购原料（8R2、4R3、4R5） 贴现 225W（贴现 1 账期应收款 250 W，贴息 25 W） 在建 4 条柔性线（5935、5939、5925、5930 200 W） 4 条柔性线转产并开始生产加工 P1（4112、4116、4120、4125 40 W） 4 条租赁线开始生产加工 P2（7386、7380、7396、7392 40 W） 4 条柔性线开始生产加工 P5（9300、9286、9280、9294 40 W） 选单订单交货（2 个 P4 229 W 账期 1 季） 选单订单交货（2 个 P4 280 W 账期 2 季） 选单订单交货（4 个 P5 568 W 账期 1 季） 应收款更新 917 W 支付行政管理费（10 W） 现金余额 907 W
第四季	支付短贷利息（15 W），归还短贷 309 W 申请短贷 309 W 原料入库（8R2、4R3、4R4、8R5 240 W） 订购原料（8R2、8R1、8R4、4R3、12R5） 在建 4 条柔性线（5935、5939、5925、5930 200 W） 4 条柔性线转产并开始生产加工 P4（4112、4116、4120、4125 40 W） 4 条租赁线开始生产加工 P2（7386、7380、7396、7392 40 W） 4 条柔性线开始生产加工 P5（9300、9286、9280、9294 40 W） 选单订单交货（3 个 P5 480 W 账期 4 季） 应收款更新 1 387 W

第四季	支付行政管理费（10 W） 支付 4 条柔性线设备维修费用（9300、9286、9280、9294 80 W） 支付 4 条柔性线设备维修费用（4112、4116、4120、4125 80 W） 支付 4 条租赁线设备维修费用（7386、7380、7396、7392 260 W） 现金余额 1 289 W
年末	现金余额 1 289 W，所有者权益 1 334W

表 5–9 第六年经营流程

年初	间谍获取所有参赛团队的公司资料 投放广告 537 W，选单 10 张（①国内 4 个 P1，交货期 3 季，账期 2 季，总价 218 W；②区域 1 个 P2，交货期 3 季，账期 4 季，总价 70 W；③亚洲 5 个 P2，交货期 4 季，账期 2 季，总价 382 W；④国际 5 个 P2，交货期 4 季，账期 3 季，总价 367 W；⑤本地 4 个 P4，交货期 4 季，账期 2 季，总价 500 W；⑥国内 4 个 P4，交货期 3 季，账期 2 季，总价 480 W；⑦国际 4 个 P4，交货期 3 季，账期 2 季，总价 541 W；⑧区域 5 个 P5，交货期 3 季，账期 2 季，总价 749 W；⑨国内 5 个 P5，交货期 4 季，账期 3 季，总价 722 W；⑩亚洲 3 个 P5，交货期 2 季，账期 2 季，总价 463 W） 支付竞单会标书费 10 W，竞单 1 张（国内 4 个 P1，交货期 4 季，账期 4 季，总价 120 W） 交纳所得税 93 W 支付长贷利息 157 W 申请 5 年期长贷 840 W 支付短贷利息（25 W），归还短贷 509 W 申请短贷 509 W 现金余额 1 307 W
第一季	原料入库（8R2，4R3，4R5，8R1 240 W） 订购原料（8R2，4R1，8R3） 4 条柔性线开始生产加工 P1（5925、5930、5935、5939 40 W） 4 条柔性线开始转产加工 P1（4112、4116、4120、4125 40 W） 4 条租赁线开始生产加工 P2（7386、7380、7396、7392 40 W） 4 条柔性线开始生产加工 P5（9300、9286、9280、9294 40 W） 选单订单交货（4 个 P4 541 W 账期 2 季） 选单订单交货（5 个 P5 749 W 账期 2 季） 应收款更新 280 W 产品研发 P3（10 W）

续表

第一季	大厂房（ID：7369）租转买，400 W 大厂房（ID：9272）租转买，400 W 贴现得现金 990 W（贴现 2 账期应收款 1 100 W，贴息 110 W） 大厂房（ID：4104）租转买，400 W 大厂房（ID：5193）租转买，400 W 支付行政管理费（10 W） 现金余额 557 W
第二季	贴现 18 W（贴现 2 账期应收款 20 W，贴息 2 W） 支付短贷利息（27 W），归还短贷 539 W 申请短贷 539 W 原料入库（4R1，8R4，4R3，8R2，12R5　360 W） 订购原料（4R1，8R2） 4 条柔性线开始生产加工 P1（5935、5939、5925、5930　40 W） 4 条柔性线转产生产加工 P4（4112、4116、4120、4125　40 W） 4 条租赁线开始生产加工 P2（7386、7380、7396、7392　40 W） 4 条柔性线开始生产加工 P5（9300、9286、9280、9294　40 W） 选单订单交货（4 个 P1　218 W 账期 2 季） 选单订单交货（3 个 P5　463 W 账期 2 季） 产品研发 P3（10 W） 支付行政管理费（10 W） 现金余额 8 W
第三季	贴现得现金 243 W（贴现 2 账期应收款 270 W，贴息 27 W） 支付短贷利息（12 W），归还短贷 239 W 申请短贷 239 W 原料入库（4R1，8R2，8R3　200 W） 4 条柔性线转产并开始生产加工 P2（9300、9286、9280、9294　40 W） 贴现得现金 180 W（贴现 2 账期应收款 200 W，贴息 20 W） 4 条柔性线开始生产加工 P1（5935、5939、5925、5930　40 W） 4 条柔性线开始生产加工 P4（4112、4116、4120、4125　40 W） 4 条租赁线开始生产加工 P2（7386、7380、7396、7392　40 W） 选单订单交货（1 个 P2　70 W 账期 4 季） 选单订单交货（4 个 P4　480 W 账期 2 季） 选单订单交货（5 个 P5　722 W 账期 3 季） 应收款更新 170 W 产品研发 P3（10 W） 支付行政管理费（10 W） 现金余额 209 W

续表

第四季	贴现得现金 108 W（贴现 2 账期应收款 120 W，贴息 12 W） 贴现得现金 9 W（贴现 2 账期应收款 10 W，贴息 1 W） 支付短贷利息（15 W），归还短贷 309 W 申请短贷 309 W 应收款更新 691 W 产品研发 P3（10 W） 竞单订单交货（4 个 P1 120 W 账期 4 季） 选单订单交货（5 个 P2 382 W 账期 4 季） 选单订单交货（5 个 P2 367 W 账期 3 季） 选单订单交货（4 个 P4 500 W 账期 2 季） 支付行政管理费（10 W） 支付 4 条柔性线设备维修费用（9300、9286、9280、9294 80 W） 支付 4 条柔性线设备维修费用（4112、4116、4120、4125 80 W） 支付 4 条租赁线设备维修费用（7386、7380、7396、7392 260 W） 支付 4 条柔性线设备维修费用（5935、5939、5925、5930 80W） 现金余额 482 W
年末	获得 P3 生产资格 现金余额 1 289 W，所有者权益 1 999W

三、经营报表

团队 1 的会计报表有三种。其中，综合费用表如表 5 - 10 所示，利润表如表 5 - 11 所示，资产负债表如表 5 - 12 所示。

表 5 - 10 综合费用表   单位：W

年度	第一年	第二年	第三年	第四年	第五年	第六年
管理费	40	40	40	40	40	40
广告费	0	139	118	252	298	547
设备维护费	0	80	340	340	420	500
转产费	0	0	0	0	0	0
租金	40	40	80	120	160	0
市场准入开拓	50	30	20	10	0	0
产品研发	70	20	0	60	10	40
ISO 认证资格	30	30	0	0	0	0

续表

年度	第一年	第二年	第三年	第四年	第五年	第六年
信息费	0	0	0	0	0	0
其他	0	0	120	0	0	0
合计	230	379	718	822	928	1 127

表 5-11 利润表　　　　　　　　　　　单位：W

年度	第一年	第二年	第三年	第四年	第五年	第六年
销售收入	0	930	2 057	2 446	2 741	4 612
直接成本	0	360	780	960	1 100	1 870
毛利	0	570	1 277	1 486	1 641	2 742
综合管理费用	230	379	718	822	928	1 127
折旧前利润	-230	191	559	664	713	1 615
折旧	0	0	160	160	160	320
支付利息前利润	-230	191	399	504	553	1 295
财务费用	0	56	100	103	180	408
税前利润	-230	135	299	401	373	887
所得税	0	0	51	100	93	222
净利润	-230	135	248	301	280	665

表 5-12 资产负债表　　　　　　　　　　单位：W

年度	第一年	第二年	第三年	第四年	第五年	第六年
现金	157	61	391	1 199	1 289	482
应收款	0	634	927	573	760	2 511
在制品	0	120	360	360	560	0
产成品	0	0	0	0	60	30
原料	0	0	0	0	0	0
流动资产合计	157	815	1 678	2 132	2 669	3 023
土地和建筑	0	0	0	0	0	1 600
机器与设备	0	800	640	480	1 120	1 600
在建工程	800	0	0	800	800	0
固定资产合计	800	800	640	1 280	1 920	3 200

续表

年度	第一年	第二年	第三年	第四年	第五年	第六年
资产总计	957	1 615	2 318	3 412	4 589	6 223
长期负债	0	254	558	862	1 566	2 406
短期负债	587	856	956	1 396	1 596	1 596
特别贷款	0	0	0	0	0	0
应交税金	0	0	51	100	93	222
负债合计	587	1 110	1 565	2 358	3 255	4 224
股东资本	600	600	600	600	600	600
利润留存	0	−230	−95	153	454	734
年度净利	−230	135	248	301	280	665
所有者权益合计	370	505	753	1 054	1 334	1 999
负债和所有者权益总计	957	1 615	2 318	3 412	4 589	6 223

第十四届 ERP 沙盘模拟大赛河北省省赛实战案例 2

一、经营流程

团队 2 在比赛中 6 年的实战经营情流程如表 5-13~表 5-14 所示。

表 5-13　第一年经营流程

年初	现金 600 W，所有者权益 600 W
第一季	租用大厂房（8767）40 W 新建 3 条柔性线生产 P3（8778、8783、8790　150 W） 产品研发 P2、P5（20W） 支付行政管理费（10 W），现金余额 380 W
第二季	申请短贷 129 W 在建 3 条柔性线生产 P3（8778、8783、8790　150 W） 产品研发 P2、P5（20 W） 支付行政管理费（10 W），现金余额 329 W
第三季	申请短贷 149 W 下原料订单（7R3） 在建 3 条柔性线生产 P3（8778、8783、8790　150 W） 产品研发 P2、P5（20 W） 支付行政管理费（10 W），现金余额 298 W
第四季	申请短贷 149 W 下原料订单（7R2，3R3） 在建 3 条柔性线生产 P3（8778、8783、8790　150 W） 产品研发 P5（10 W） 本地、区域、国内、亚洲、国际市场开拓（50 W） ISO9000、ISO14000 投资（30 W） 支付行政管理费（10 W），现金余额 197 W
年末	现金余额 197 W，所有者权益 370W 取得本地市场和区域市场准入资格

表 5-14 第二年经营流程

年初	间谍获取所有参赛团队的公司资料 投放广告 179 W，选单 3 张（①本地 4 个 P2，交货期 4 季，账期 2 季，总价 283 W；②区域 3 个 P2，交货期 4 季，账期 1 季，总价 228 W；③本地 3 个 P5，交货期 4 季，账期 2 季，总价 468 W） 申请 5 年期长贷 434 W，申请短贷 169 W 现金余额 621 W
第一季	原料入库（7R2，7R3 140 W），下原料订单（3R2，4R3，3R5） 租用大厂房 6203（40 W） 新建 4 条手工线生产 P2（6215、6221、6225、6231 120 W） 3 条柔性线转产 P2 4 条手工线开始生产 P2（6215、6221、6225、6231 40 W） 3 条柔性线开始生产 P2（8778、8783、8790 30 W） 产品研发 P5（10 W） 支付厂房租金（8767）40 W 支付行政管理费（10 W），现金余额 151 W
第二季	支付短贷利息（6 W），归还短贷 129 W 申请短贷 209 W 原料入库（3R3，3R2 60 W），下原料订单（7R2，3R3） 3 条柔性线开始生产 P2（8778、8783、8790 30 W） 选单订单交货（3P2 228 W 账期 1 季） 产品研发 P5（10 W） 支付行政管理费（10 W），现金余额 115 W
第三季	贴现得 108 W（贴现 1 账期应收款 120 W，贴息 12 W） 支付短贷利息（7 W），归还短贷 149 W 申请短贷 149 W 原料入库（4R3，7R2，3R5 140 W），下原料订单（3R2，4R3，3R5） 3 条柔性线转产 P5 4 条手工线开始生产 P2（6215、6221、6225、6231 40 W） 3 条柔性线开始生产 P5（8778、8783、8790 30 W） 应收款更新 108 W 选单订单交货（4P2 283 W 账期 2 季） 支付行政管理费（10 W），现金余额 104 W

续表

第四季	贴现得 171 W（贴现 2 账期应收款 190 W，贴息 19 W） 支付短贷利息（7 W），归还短贷 149 W 申请短贷 149 W 原料入库（3R3，3R2 60 W），下原料订单（7R2，3R5） 3 条柔性线转产 P2，并开始生产 P2（30 W） 选单订单交货（3P5 468 W 账期 2 季） ISO9000、ISO14000 投资（30 W） 国内、亚洲、国际市场开拓（30 W） 支付 3 条柔性线设备维修费用（60 W） 4 条手工线设备维修费用（40 W） 支付行政管理费（10 W），现金余额 8 W
年末	现金余额 8 W，所有者权益 429W 取得国内市场准入资格

表 5-15 第三年经营流程

年初	间谍获取所有参赛团队的公司资料 贴现得 243 W（贴现 2 账期应收款 270 W，贴息 27 W） 投放广告 130 W，选单 3 张（①区域 2 个 P2，交货期 3 季，账期 3 季，总价 147 W；②本地 3 个 P5，交货期 4 季，账期 2 季，总价 454；③区域 4 个 P5，交货期 4 季，账期 3 季，总价 618 W） 支付长贷利息 43 W，归还长贷 0 W 申请长期贷款 177 W 归还短贷利息 8 W，归还短贷 169 W
第一季	原料入库（4R3，7R2，3R5 140 W），下原料订单（2R2，4R3，2R5） 3 条柔性线转产 P5 4 条手工线开始生产 P2（40 W） 3 条柔性线开始生产 P5（30 W） 应收款更新 93 W 选单订单交货（2P2 147 W 账期 3 季） 支付行政管理费（10 W） 支付厂房租金（8767，6203 80 W），现金余额 40 W
第二季	贴现得 178 W（贴现 1 账期应收款 198 W，贴息 20 W） 贴现得 7 W（贴现 3 账期应收款 8 W，贴息 1 W） 支付短贷利息（10 W），归还短贷 209 W 申请短贷 209 W

续表

第三季	原料入库（3R5，2R2 50 W），下原料订单（7R2，2R3，1R5） 2 条柔性线开始生产加工 P5（8790 877 8 20 W） 选单订单交货（3P5 454 W 账期 2 季） 支付行政管理费（10 W），现金余额 135 W 贴现得 27 W（贴现 2 账期应收款 30 W，贴息 3 W） 支付短贷利息（7 W），归还短贷 149 W 申请短贷 149 W 原料入库（4R3，7R2，2R5 130 W），下原料订单（3R2，4R3，3R5） 贴现得 45 W（贴现 2 账期应收款 50 W，贴息 5 W） 4 条手工线开始生产 P2（6215、6221、6225、6231 40 W） 3 条柔性线开始生产 P5（8778、8783、8790 30 W） 贴现得 18 W（贴现 1 账期应收款 20 W，贴息 2 W） 支付行政管理费（10 W），现金余额 8 W
第四季	贴现得 153 W（贴现 1 账期应收款 170 W，贴息 17 W） 支付短贷利息（7 W），归还短贷 149 W 申请短贷 149 W 原料入库（2R3，3R2，1R5 60 W），下原料订单（7R2，3R5） 2 条柔性线转产 P2 并开始生产（8778 8783 20 W） 1 条柔性线开始生产 P5（8790 10 W） 应收款更新 323 W 选单订单交货（4P5 618 W 账期 3 季） 亚洲、国际市场开拓（20 W） 支付行政管理费（10 W） 支付 3 条柔性线设备维修费用 60 W 支付 4 条手工线设备维修费用 40 W，现金余额 257 W
年末	现金余额 257 W，所有者权益 488 W 取得亚洲市场准入资格

表 5-16 第四年经营流程

年初	间谍获取所有参赛团队的公司资料 投放广告 179 W，选单 4 张①本地 1 个 P5，交货期 3 季，账期 4 季，总价 140 W；②区域 5 个 P5，交货期 4 季，账期 1 季，总价 767 W；③国内 4 个 P5，交货期 3 季，账期 2 季，总价 613 W；④亚洲 2 个 P5，交货期 3 季，账

续表

	期1季，总价300 W） 支付长贷利息61 W 申请5年期长贷177 W 支付短贷利息（8 W），归还短贷169 W，申请短贷169 W，现金余额186 W
第一季	原料入库（4R3、7R2、3R5　140 W），下原料订单（3R2、4R3、3R5） 2条柔性线（8783、8778）转产P5 贴现得26 W（贴现3账期应收款30 W，贴息4 W） 4条手工线开始生产P2（6231、6221、6215、6225　40 W） 3条柔性线开始生产P5（8783、8790、8778　30 W） 贴现得189 W（贴现2账期应收款210 W，贴息21 W） 支付行政管理费（10 W） 支付厂房租金（厂房ID：8767　40 W） 支付厂房租金（厂房ID：6203　40 W），现金余额101 W 选单订单交货（1P5　140 W 账期4季）
第二季	贴现得108 W（贴现2账期应收款120 W，贴息12 W） 贴现得9 W（贴现2账期应收款10 W，贴息1 W） 贴现得9 W（贴现2账期应收款10 W，贴息1 W） 支付短贷利息（10 W），归还短贷209 W 申请短贷209 W 原料入库（3R2、3R5　60 W），下原料订单（7R2、2R3、1R5） 3条柔性线开始生产加工P5（8783、8790、8778　30 W） 选单订单交货（4P5　613 W　账期2季） 支付行政管理费（10 W），现金余额117 W
第三季	贴现得45 W（贴现2账期应收款50 W，贴息5 W） 支付短贷利息（7 W），归还短贷149 W 申请短贷149 W 原料入库（7R2、4R3、3R5　140 W），下原料订单（3R2、4R3、3R5） 贴现得63 W（贴现2账期应收款70 W，贴息7 W） 4条手工线开始生产P2（6231、6221、6215、6225　40 W） 3条柔性线开始生产P5（8783、8790、8778　30 W） 应收款更新238 W 选单订单交货（2P5　300 W 账期1季） 支付行政管理费（10 W），现金余额236 W

第四季	支付短贷利息（7 W），归还短贷 149 W 申请短贷 149 W 原料入库（3R2，2R3，1R5　60 W），下原料订单（7R2，3R5） 2 条柔性线（8778、8783）转产 P2 2 条柔性线开始生产加工 P2（8778、8783　20 W） 1 条柔性线开始生产加工 P5（8790　10 W） 应收款更新 793 W 紧急采购 1 个 P5（180 W） 选单订单交货（5P5　767 W 账期 1 季） 国际市场开拓（10 W） 支付行政管理费（10 W） 支付 3 条柔性线设备维修费用（60 W） 支付 4 条手工线设备维修费用（40 W） 现金余额 632 W
年末	现金余额 632 W，所有者权益 716W 取得国际市场准入资格

表 5-17　第五年经营流程

年初	间谍获取所有参赛团队的公司资料 投放广告 298 W，选单 4 张（①本地 3 个 P5，交货期 4 季，账期 2 季，总价 432 W；②国内 2 个 P5，交货期 4 季，账期 3 季，总价 300 W；③国际 3 个 P5，交货期 3 季，账期 3 季，总价 489 W；④国际 2 个 P5，交货期 4 季，账期 3 季，总价 277 W） 交纳所得税 39 W 支付长贷利息 79 W 申请 5 年期长贷 504 W 支付短贷利息（8 W），归还短贷 169 W，申请短贷 169 W，现金余额 840 W
第一季	原料入库（7R2，4R3，3R5　140 W），下原料订单（3R2，4R3，3R5） 2 条柔性线（8783、8778）转产 P5 4 条手工线开始生产 P2（6231、6221、6215、6225　40 W） 3 条柔性线开始生产 P5（8783、8790、8778　30 W） 应收款更新 907 W 大厂房（8767）租转买（400 W） 支付行政管理费（10 W） 支付厂房租金（厂房 ID：6203　40 W）

续表

第一季	现金余额 1 087 W
第二季	支付短贷利息（10 W），归还短贷 209 W 申请短贷 209 W 原料入库（3R2，3R5 60 W），下原料订单（7R2，2R3，1R5） 租用大厂房（5130 40 W） 新建 5 条自动线生产 P1（5139、5143、5148、5152、5157 250 W） 3 条柔性线开始生产加工 P5（8783、8790、8778 30 W） 选单订单交货（3P5 432 W 账期 2 季） 支付行政管理费（10 W），现金余额 687 W
第三季	支付短贷利息（7 W），归还短贷 149 W 申请短贷 249 W 原料入库（7R2，4R3，3R5 140 W），下原料订单（3R2，3R3，3R5） 4 条手工线开始生产 P2（6231、6221、6215、6225 40 W） 3 条柔性线开始生产加工 P5（8783、8790、8778 30 W） 在建 5 条自动线（5139、5143、5148、5152、5157 250 W） 选单订单交货（3P5 489 W 账期 3 季） P1 产品研发（10 W） 支付行政管理费（10 W），现金余额 300 W
第四季	支付短贷利息（7 W），归还短贷 149 W 申请短贷 229 W 原料入库（3R2，2R3，1R5 60 W），下原料订单（6R1，6R2，3R5） 在建 5 条自动线（5139、5143、5148、5152、5157 250 W） 2 条柔性线转产生产加工 P2（8783、8790 20 W） 1 柔性线（8778）生产 P5（10 W） 应收款更新 432 W 选单订单交货（2P5 277 W 账期 3 季） 选单订单交货（2P5 300 W 账期 3 季） P1、P4 产品研发（20 W） 支付行政管理费（10 W） 支付 3 条柔性线（8783、8790、8778）设备维修费用（60 W） 支付 4 条手工线（6221、6231、6225、6215）设备维修费用（40 W） 现金余额 335 W
年末	现金余额 335 W，所有者权益 871 W

表 5-18 第六年经营流程

年初	间谍获取所有参赛团队的公司资料 投放广告 268 W，选单 7 张（①本地 6 个 P1，交货期 3 季，账期 3 季，总价 327 W；②本地 2 个 P1，交货期 2 季，账期 1 季，总价 113 W；③国内 3 个 P1，交货期 3 季，账期 3 季，总价 144 W；④国际 5 个 P1，交货期 4 季，账期 3 季，总价 284 W；⑤区域 4 个 P5，交货期 3 季，账期 2 季，总价 596 W；⑥国内 4 个 P5，交货期 4 季，账期 1 季，总价 564 W；⑦亚洲 3 个 P5，交货期 3 季，账期 1 季，总价 430 W） 交纳所得税 52 W 支付长贷利息 129 W 申请 5 年期长贷 465 W 支付短贷利息（8 W），归还短贷 169 W，申请短贷 169 W，现金余额 487 W
第一季	原料入库（6R1，6R2，3R3，3R5 180 W），下原料订单（5R1，3R2，3R5） 2 条柔性线（8790、8783）转产 P5 1 条手工线（6215）转产 P1 并开始生产（10 W） 5 条自动线开始生产 P1（5139、5143、5148、5152、5157 50 W） 3 条手工线开始生产 P2（6231、6221、6225 30 W） 3 条柔性线开始生产加工 P5（8783、8790、8778 30 W） P3、P4 产品研发（20 W） 支付行政管理费（10 W） 支付厂房租金（6203 40 W），现金余额 117 W
第二季	贴现得 99 W（贴现 2 账期应收款 110 W，贴息 11 W） 贴现得 9 W（贴现 2 账期应收款 10 W，贴息 1 W） 支付短贷利息（10 W），归还短贷 209 W 申请短贷 209 W 原料入库（5R1，3R2，3R5 110 W），下原料订单（5R1，3R2） 5 条自动线开始生产 P1（5139、5143、5148、5152、5157 50 W） 3 条柔性线开始生产加工 P5（8783、8790、8778 30 W） 应收款更新 329 W 选单订单交货（2P1 113 W 账期 1 季） 选单订单交货（3P1 144 W 账期 3 季） 选单订单交货（3P5 430 W 账期 1 季） 产品研发 P3、P4（20 W） 支付行政管理费（10 W）

续表

第一季	支付厂房租金（5130 40 W），现金余额284 W
第三季	支付短贷利息（12 W），归还短贷249 W 申请短贷249 W 原料入库（5R1、3R2、3R5 110 W） 5条自动线开始生产P1（5139、5143、5148、5152、5157 50 W） 3条柔性线开始生产加工P5（8783、8790、8778 30 W） 应收款更新1 000 W 选单订单交货（6P1 327 W 账期3季） 选单订单交货（4P5 596 W 账期2季） 产品研发P3、P4（20 W） 支付行政管理费（10 W） 现金余额1 052 W
第四季	支付短贷利息（11 W），归还短贷229 W 申请短贷229 W 购买大厂房（2332）400 W 紧急采购1个P5（180 W） 选单订单交货（5P1 284 W 账期3季） 选单订单交货（4P5 564 W 账期1季） 产品研发P3、P4（20 W） 支付行政管理费（10 W） 支付3条柔性线设备维修费用（8783、8790、8778 60W） 支付4条手工线设备维修费用（6221、6231、6225、6215 40 W） 支付5条自动线设备维修费用（5139、5143、5148、5152、5157 100 W） 现金余额231 W
年末	现金余额231 W，所有者权益1 120 W

二、经营报表

团队2的会计报表有三种。其中，综合费用表如表5-19所示，利润表如表5-20所示，资产负债表如表5-21所示。

表5-19 综合费用表　　　　　　　　　　　　　　　单位：W

年度	第一年	第二年	第三年	第四年	第五年	第六年
管理费	40	40	40	40	40	40

续表

年度	第一年	第二年	第三年	第四年	第五年	第六年
广告费	0	179	130	179	170	268
设备维护费	0	100	100	100	100	200
转产费	0	0	0	0	0	0
租金	40	80	80	80	80	80
市场准入开拓	50	30	20	10	0	0
产品研发	70	20	0	0	30	80
ISO 认证资格	30	30	0	0	0	0
信息费	0	0	0	0	0	0
其他	0	0	0	120	0	120
合计	230	479	370	529	420	788

表 5-20 利润表 单位：W

年度	第一年	第二年	第三年	第四年	第五年	第六年
销售收入	0	979	1 219	1 820	1 498	2 458
直接成本	0	390	480	720	600	980
毛利	0	589	739	1 100	898	1 478
综合管理费用	230	479	370	529	420	788
折旧前利润	-230	110	369	571	478	690
折旧	0	0	160	160	160	160
支付利息前利润	-230	110	209	411	318	530
财务费用	0	51	150	144	111	198
税前利润	-230	59	59	267	207	332
所得税	0	0	0	39	52	83
净利润	-230	59	59	228	155	249

表 5-21 资产负债表 单位：W

年度	第一年	第二年	第三年	第四年	第五年	第六年
现金	197	8	257	632	335	231
应收款	0	561	618	907	1 066	1 915

续表

年度	第一年	第二年	第三年	第四年	第五年	第六年
在制品	0	210	240	240	240	0
产成品	0	0	60	0	0	0
原料	0	0	0	0	0	0
流动资产合计	197	779	1 175	1 779	1 641	2 146
土地和建筑	0	0	0	0	400	800
机器与设备	0	760	600	440	280	870
在建工程	600	0	0	0	750	0
固定资产合计	600	760	600	440	1 430	1 670
资产总计	797	1 539	1 775	2 219	3 071	3 816
长期负债	0	434	611	788	1 292	1 757
短期负债	427	676	676	676	856	856
特别贷款	0	0	0	0	0	0
应交税金	0	0	0	39	52	83
负债合计	427	1 110	1 287	1 503	2 200	2 696
股东资本	600	600	600	600	600	600
利润留存	0	−230	−171	−112	116	271
年度净利	−230	59	59	228	155	249
所有者权益合计	370	429	488	716	871	1 120
负债和所有者权益总计	797	1 539	1 775	2 219	3 071	3 816

第二部分

约创

第二部分

初句

第六章

约创平台的特点及其登录操作简介

一、约创平台的特点

"约创"互联网+创新创业实践教育云平台（以下简称"约创平台"）可以面向本科、职业类院校各专业学生作为通识教育平台，或作为创新创业教育实践训练平台，同时增加了更多外围服务体系，更贴近现实，能为学生提供更多学习、竞技、求职、创业和社交的机会。

约创平台提供模拟真实公司经营的环境，以团队协作方式，每个模拟团队由五个岗位组成，分别是总经理、财务总监、生产总监、采购总监、销售总监，每个岗位独立操作，各司其职，让学生在自己所处的岗位上完成岗位的工作任务，支撑公司运行，同时，公司的运行要依靠各个岗位的协同运作。学生了解岗位的日常工作，体验基于岗位的业务决策，了解岗位、部门间的协同合作对公司运行的意义，真实感受公司产品生产、销售、资金流的运转过程，掌握公司在竞争环境下的管理过程、业务流程以及发展过程。

约创平台分为教学板块、竞技场板块（竞赛）、俱乐部板块、就业板块、个人中心五部分。教学板块包含在线学习及在线实践两部分，教师可以完全实现翻转课堂及混合式教学，学生可以随时学习相关专业理论知识，并随时随地进行实践训练。

（一）教学板块

教学课程体系：理论课程体系包含管理、财务、生产、营销、供应链、创新创业等各个方面的基础专业知识，经营策略分析，完整的不同规则状态下的授课案例；实践课程体系包含不同组别的多种教学方案及教学规则，简单的教学规则及教学订单自定义制作工具。

灵活的自定义教学系统：教师可以完全自行编辑课程授课教学资源；制定教学计划及教学方案；编辑实践训练内容；定义在线作业形式内容及评分标准；控制实践教学时间进度。

直观的教学评价系统：教师可以随时查看班级学生的学习、实践、作业完成情况,并自行评价学生成绩;学生也可以随时查看自己的进度情况。

便捷的教学管理系统:随操作检查考勤,避免学生找人代签的情况发生;教师随时在线的答疑方式极大地方便了学生的提问及解答;班级管理简单方便,一目了然。

清晰的教学大数据呈现:随时统计呈现各个学校的授课班级、实训人数、实训时长;清晰地呈现教师贡献的资源数量。

(二) 竞技场板块

在竞技场板块各方可以自由发布比赛赛事,自由组织各种比赛。例如,官方赛、俱乐部联赛、自由赛、邀请赛等;竞技场可以提供比赛的冠名支持;竞技场可以发布赛事竞猜活动,以吸引更多学生观摩学习。

(三) 俱乐部板块

俱乐部板块提供自行运营管理功能,可以自行设置俱乐部的风格,自行确定俱乐部成员的加入方式及管理方式;俱乐部可以支撑内部的社团活动、在线发布活动公告,并随时通知到每一个成员的手机 APP;俱乐部可以自行组织在线比赛;俱乐部可以自行制作课件并上传,还可以自行组织在线培训。

(四) 就业板块

支持全国市场,可以按照全国不同区域关注相应的公司,了解公司的岗位招聘信息及职位招聘具体要求,公司招聘信息及时更新。学生的学习过程数据和实践活动数据,可以形成独特的个人简历精准推送至云平台上的各个公司。

(五) 个人中心

个人中心具有完善的个人信息,包括个人动态、心情、话题、相册。可以提取个人的属相数据、社交数据、学习数据及行为数据。

二、约创平台登录操作简介

(一) 教师端登录

1. 教师账号登录

约创平台作为互联网云平台,可以在有网络连接的任何地方随时登录。

约创平台的推荐浏览器为谷歌浏览器和火狐浏览器。

平台地址: https://www.staoedu.com/。

平台教师账号: 自由填写 (手机号码注册、软件方设置发放)。

平台教师密码: 以验证码形式发送至手机 (如未收到,或短信验证码找不到,可于登录界面通过"忘记密码"进行密码重置),教师登录页面如图 6-1 所示。

第六章 约创平台的特点及其登录操作简介

图 6-1 教师登录页面

教师在登录后会进入个人主页,单击最上方的"学习"一栏,学习页面如图 6-2 所示。

图 6-2 学习页面

页面跳转至学习界面后,单击界面右侧蓝色的"切换班级"按钮,进入班级管理页面,如图 6-3 所示。

图 6-3 班级管理页面

单击"创建",则可同时开设多个班级。面对不同专业和班级时,单击相应班级,出现相应创建班级界面,如图6-4和图6-5所示。

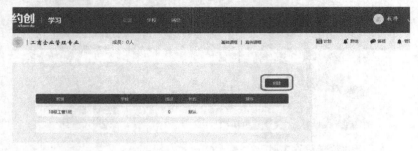

图6-4 创建班级1

图6-5 创建班级2

单击界面右上角"进入实训",则可进入比赛界面。单击"创建实训"开始设置比赛,我的实训如图6-6所示。

图6-6 我的实训

2. 教师账号管理

设置比赛时间轴有两种选择,第一种以最小节点"月"为单位,如图6-7所示。

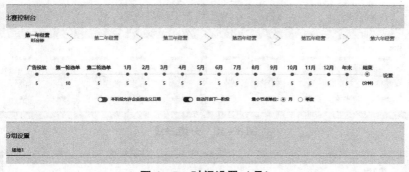

图 6-7 时间设置(月)

第二种以最小节点"季"为单位,如图 6-8 所示。

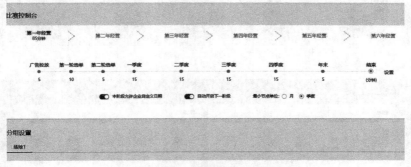

图 6-8 时间设置(季)

教师单击"开始比赛",学生方可进入操作界面,如图 6-9 所示。

图 6-9 比赛开始

教师可将本教学班的学生依次组队,学生分组如图 6-10 所示。每队设队长一名,第一个加入小组的学生即为队长(不限岗位),通过岗位变化(图 6-11)进行"移除""指派队长""添加"等操作。教师在实训开始前或当年经营结束后,调整学生分组。

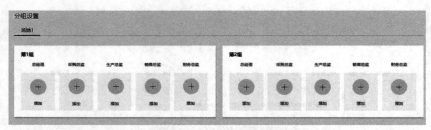

图 6-10 分组设置

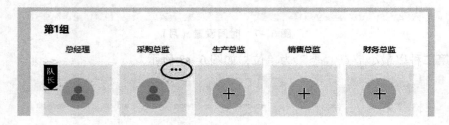

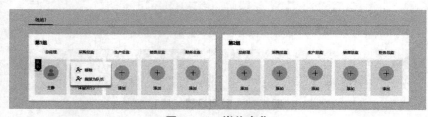

图 6-11 岗位变化

比赛暂停：经营过程中各队如果发现网络、电脑问题等无法进行正常操作，那么请示意教师，经教师确认后，单击"暂停"，以暂停经营时间，如图 6-12 所示。暂停时，所有经营团队的虚拟时间冻结在每队的当前日期，不能推进日期。继续经营：排除故障后单击"继续"，各队继续经营。

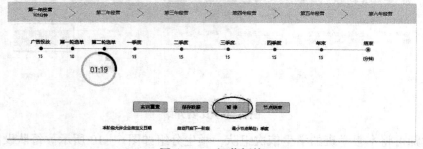

图 6-12 经营暂停

3. 实训成绩与报表管理

教师可通过单击"报表管理"查看当年实训经营情况和实训成绩，如图 6-13 所示。

第六章 约创平台的特点及其登录操作简介

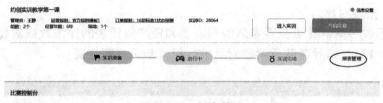

图 6-13 报表管理

(1) 报表审核。

每年经营结束后,教师将通过报表审核查看各队年末报表的填报情况,各组三表如图 6-14 所示。

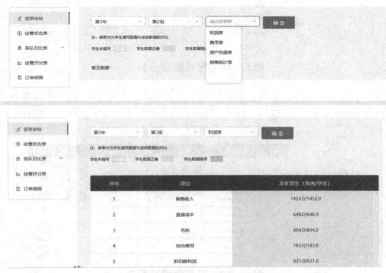

图 6-14 各组三表

(2) 经营状态。

教师通过经营状态表查看各队当前经营状况(包括资金、产品库存、原料库存、厂房、生产线、资质开发等信息)从而指导学生经营。各队经营状态如图 6-15 所示。

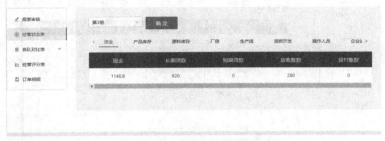

图 6-15 各队经营状态

(3) 报表对比。

教师通过各队对比表查看各队的利润表和资产负债表的详细数据对比（图6-16和图6-17），指导各队后续经营及进行相关知识讲解答疑。

图6-16 报表数据分析1

图6-17 报表数据分析2

(4) 经营成绩。

经营评分表最终将展示每年各队的经营成绩及排名，如图6-18所示。

图6-18 每年各队的经营成绩及排名

(5) 订单明细。

订单明细（图6-19）主要统计每年各组选单阶段的每个轮次选单详细情况，其作用是帮助教师实时了解各队的经营策略和经营趋势，辅助教师对学生进行经营指导和经营结果预测。

图6-19　订单明细

（二）学生端登录

1. 学生账号登录

学生和教师一样从同一网址登录约创平台。

平台学生账号：教师导入学生学号或手机号码生成。

平台学生密码：以验证码形式发送至手机（如未收到，或短信验证码找不到，可于登录界面通过"忘记密码"进行密码重置）。学生账号登录界面如图6-20所示。

图6-20　学生账号登录界面

学生在登录后会进入个人主页，单击最上方的"学习"一栏，如图6-21所示，跳转至学习界面。

图 6-21　学生学习

2. 学生账号管理

单击界面右侧蓝色的"我的实训"则进入学生选择实训界面，如图 6-22 所示。

图 6-22　学生选择实训

根据教师提供的"实训名称"，学生选择正确的实训，单击"立即进入"，如图 6-23 所示，并在比赛界面右上角单击"进入实训"即可进入比赛界面。

图 6-23　学生比赛

如图 6-24 所示，在此页面中，学生可以选择调换不同岗位，队长可以把一个账号（包括队长本身）指派到多个岗位，待教师单击"开始比赛"，学生方可进入比赛内部。

图 6-24　岗位调换

单击"岗位"进入公司大厦内部，公司办公如图 6-25 所示。

图 6-25　公司办公

进入对应岗位办公室后，学生可看到所属岗位功能。以总经理为例，其岗位界面如图 6-26 所示。

图 6-26　总经理岗位界面

个人信息：左上角。
协同通道：右上角，可通过协同通道查看其他岗位信息。
资金：左上角，是该岗位可支配资金，非公司整体运营资金。
时间：界面正上方。
进度条：显示当前阶段剩余时间。
日历：总经理调整日期的功能，其余岗位可刷新按钮。
规则：可查看当前比赛的相关比赛参数。
岗位功能：正下方，各个岗位所属功能。
报表功能：正下方，各个岗位在年末进行报表上报的功能，总经理及财务总监有"报表上报"功能，其余各岗位仅有"填制报表"功能。
经营信息：界面右侧。
消息中心：可查看其他岗位操作通知，及部分整体操作通知。
公司详情：可查看公司目前经营情况，包括现金、资质开发等。
查看年度经营结果：在进入年末阶段后，可查看本年度经营情况。

第七章

约创基本规则

一、基本经营思路

总经理、财务总监、生产总监、采购总监、销售总监五个岗位的协同合作，各司其职，接收并运作一个生产型公司。各岗位职责逻辑关系如图7-1所示。

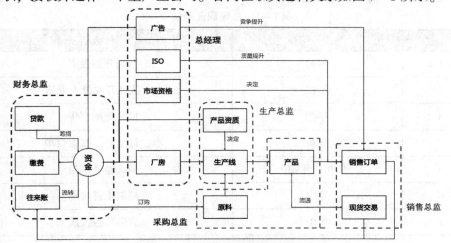

图7-1 各岗位职责逻辑关系

以生产、销售为核心，对公司进行4~6年期的经营规划。

通过投放广告、开发ISO资质、开发市场准入促进产品销售。

通过投资厂房、合理建立生产线、开发产品资质，保证产品符合市场要求，提高产量。

通过对资金的合理分配进行公司的运营。

二、各岗位介绍

（一）总经理岗位

学生单击进入"总经理"经营页面，如图7-2所示。

图7-2 "总经理"经营页面

1. 总经理任务清单

总经理任务清单如表7-1所示。

表7-1 总经理任务清单

序号	运行期	任务
1	年初	市场开拓投资
2	年初	ISO认证开发投入申请
3	年初	投放促销广告
4	年初	参加订货会，获取订单
5	年初、年中	预算经费申报
6	年中	控制推进日期
7	年中	战略广告投放
8	年中	购买/租用厂房
9	年中	厂房处理
10	年中	产品研发投资
11	年末	商业情报收集
12	年中、年末	填报总经理报表，报表上报

2. 总经理主要职责说明

总经理全面负责处理公司的总体事务。例如，制定公司经营战略，开展市场开拓、资质开发，投放各类广告，购/租厂房，推进经营进度等工作。下面结合总经理岗位涉及的规则详细说明总经理在经营过程中的具体职责。

（1）市场开拓和资质开发通用规则。

市场开拓和资质开发通用规则如表7-2所示。

表7-2 市场开拓和资质开发通用规则

每次/年投资额/万元	本地市场开拓投资次数	区域市场开拓投资次数	国内市场开拓投资次数	亚洲市场开拓投资次数	国际市场开拓投资次数	ISO9000认证开发投资次数	ISO14000认证开发投资次数
20	已完成	已完成	1	1	2	1	1

1）市场开拓只能由总经理岗位进行操作，每年年初阶段进行投资，下年年初阶段完成此次开拓；最后一次投资完成后，下一年资质才能生效。

2）每年每个市场开拓以及 ISO 认证只能进行一次投资，如错过年初投资时间，只能在下一年继续投资直至投资期结束。

（2）产品生产资质研发通用规则。

产品生产资质研发通用规则如表7-3所示。

表7-3 产品生产资质研发通用规则

序号	产品标识	投资期	每期投资额/W	每期天数/天
1	P1	1	10	30
2	P2	2	10	30
3	P3	3	10	30
4	P4	4	10	30
5	P5	6	10	30

1）以每期投资额投入的日期开始计算，经过"每期天数"之后，完成一期研发。

2）每期研发完成后，即上期研发到期日的第二天（如：到期日是1月31日，可以开始下一期研发投入的时间是2月1日），才能开始下期投资研发。

3）最后一次投资研发到期后，系统自动授予产品生产资质。

4）只有获得产品生产资质后才允许生产线开始生产。

5）产品生产资质不允许转卖。

（3）厂房使用通用规则。

厂房使用通用规则如表7-4所示。

表 7-4　厂房使用通用规则

序号	厂房标识	生产线容量	购买价格/W	每年租金/W	出售账期/W	租金违约金比例	违约容忍期限/天	OID减值1	OID减值2
1	A	4	300	40	120	0.1	30	0.1	0.1
2	B	4	300	40	120	0.1	30	0.1	0.1
3	C	4	300	40	120	0.1	30	0.1	0.1
4	D	4	300	40	120	0.1	30	0.1	0.1

1）厂房购买：总经理岗位在年中经营过程中可购买 1~4 间厂房。

2）厂房租用及退租。

①厂房租用以一年为期（租用开始日期，至下一年到期日前），每年需支付租金。

②租金到期前 30 天可进行续租支付，且到期日（含当天）前必须支付下一年租金，否则记为违约；租金违约容忍期内，支付租金的，需支付租金及违约金，并扣减所有市场的 OID（经营诚信度）减值 1；过了容忍期仍未支付租金的，系统将强制扣除租金及违约金，并扣减所有市场 OID（OID 减值 1+OID 减值 2）。

③厂房退租，需先出售厂房中全部生产线，再单击"厂房退租"。

（4）广告投放通用规则。

广告投放通用规则如表 7-5 所示。

表 7-5　广告投放通用规则

广告类型	投放时间	市场	广告效应延迟时间	广告基数	第一年有效权重	第二年有效权重	第三年有效权重
战略	年中	分市场	3年	投入该市场有效战略广告总和	0.6	0.3	0.1
促销	年初订货会前	分市场	当年有效	该市场的促销广告总和	1	0	0

广告分为"促销"广告和"战略"广告两类。

①"促销"广告只能在"年初"订单申请前进行投放，直接用于本年度公司知名度排名，本年"年中"运行开始后，促销广告不再影响公司知名度排名。

②"战略"广告在"年中"可随时投放，但是只在每季末进行计算，下季 1 日显示上季最终知名度排名。即年初显示当前排名；第一季显示年初排名；第二季显示第一季排名；战略广告对知名度有延续三年的影响，即投放的广告参与各年（三年）知名度计算。

两类广告均为分市场投放，都用于提升本市场"公司知名度"排名。

（5）公司知名度和公司经营诚信度。

"公司知名度"是公众对公司名称、商标、产品等方面认知和了解的程度。公司知名度分市场计算，各公司在一个市场中的公司知名度排名和广告，决定该市场订单分配的先后顺序。

经营诚信度（简称"OID"）是指反映经营信用程度的指标与公司运行行为。不符合规则的业务行为将减少 OID，每项业务的操作正误与否影响着 OID 的增减。OID 的计算公式为：

某市场 OID 量化值 = 市场当前 OID 值 + 市场 OID 增值 – OID 减值

OID 增值每年年末自动计算一次，每项业务操作影响 OID 增值、减值项目，OID 增减值的经营操作如表 7-6 所示。

表 7-6 OID 增减值的经营操作

序号	动作	岗位	本地OID	区域OID	国内OID	亚洲OID	国际OID	是否容忍	扣减违约金
1	交货无违约	系统	+	+	+	+	+	无	无
2	市场份额	系统	+	+	+	+	+	无	无
3	贷款无违约	系统			+			无	无
4	付款收货无违约	系统			+			无	无
5	订单违约交单	销售	−	−	−	−	−	有	有
6	取消订单强制扣除违约金	销售	−	−	−	−	−	有	有
7	原料订单延迟收货违约	采购			−			有	有
8	取消原料订单强制扣除违约金	采购			−			有	有
9	零售市场出售原料未能履约	采购			−			有	有
10	零售市场出售产品未能履约	销售			−			有	有
11	代工延迟收货违约	销售			−			有	有
12	取消代工订单并强制扣除违约金	销售			−			有	有
13	贷款延迟还款违约	财务			−			有	有
14	强制扣除应还贷款及违约金	财务			−			有	有
15	贷款利息延迟支付违约	财务			−			有	有
16	强制扣除应还贷息及违约金	财务			−			有	有
17	延迟支付维修费违约	财务			−			有	有
18	强制扣除维修费及违约金	财务			−			有	有
19	延迟支付厂房租金违约	经理			−			有	有
20	强制扣除厂房租金及违约金	经理			−			有	有

公司在分市场的知名度与该市场的广告和经营诚信度关系的计算公式为：

某市场公司知名度的量化计算值 = 该市场当前 OID 值 ×（该市场当年战略广告 × 第一年有效权重 + 上年战略广告 × 第二年有效权重 + 前年战略广告 × 第三年有效权重）+ 该市场当前的促销广告

（6）推进日期的操作规则。

推进日期只能在年中进行，总经理推进日期只能向后推进，无法向前推进。例如，当前时间为 2 月 1 日，可将日期推进到 2 月 11 日，但无法将日期从 2 月 11 日推进倒回到 2 月 1 日。如果当月各岗位没有需要操作的业务，可直接结束本月时间向后推进。

（7）总经理填写的报表。

总经理应在每年的经营中，按照下列项目填报"总经理统计报表"。只需填报"金额"栏，并按照各项的"金额"项填报说明，汇总当年发生的金额数据填报。总经理报表如表 7-7 所示。

表 7-7 中的"更新'目标表'的表项说明"说明所填报的"项目"的金额将更新公司经营报表中的表格及项目，可参照财务岗位收支明细核对金额。

表 7-7 总经理报表

项目	"金额"项填报说明	更新"目标表"的表项说明
广告费	当年战略和促销广告投放总额	"费用表"广告费（第二项）
租金	当年支付的厂房租金	"费用表"租金（第五项）
市场准入投资	当年市场资质投资总额	"费用表"市场准入投资（第六项）
产品研发	当年产品研发资质投资总额	"费用表"产品研发（第七项）
ISO 资格投资	当年 ISO 资质投资总额	"费用表" ISO 资格投资（第八项）
信息费	当年购买商业情报的总费用	"费用表"信息费（第九项）
厂房价值	当前已购买的厂房总价值	"资产负债表"土地建筑（第七项）

注：统计报表可以在年中、年末的任何时间进行填报，每次填报后单击"暂存"保存数据，或单击"提交"更新经营报表。

（二）财务总监岗位

单击进入"财务总监"经营页面，如图 7-2 所示。

图7-2 "财务总监"经营页面

1. 财务总监任务清单

财务总监任务清单如表7-8所示。

表7-8 财务总监任务清单

序号	运行期	任务
1	年初	参加订货会
2	全年	岗位现金申请审核并拨款
3	全年	资金调配(反向拨款)
4	年中	贷款申请
5	年中	每月支付费用(包括到期贷款和利息)
6	年中	提取应收款
7	年中	应收款贴现
8	年中、年末	填制财务统计报表
9	年末	审核年度报表并上报
10	全年	查询经营详情

2. 财务总监主要职责说明

财务总监负责公司财务分析、资金规划、税务交纳。例如，建立和完善公司财务管理制度，控制公司的财务工作流程，申请银行贷款，组织各部门资金调配，合理筹划应收款项、预收账款的管理并审核年度报表等，以提高资金利用率。下面结合财务总监岗位涉及的规则详细说明财务总监在经营过程中的具体职责。

(1) 贷款规则及贷款套餐。

贷款规则及贷款套餐如表7-9和7-10所示。

表7-9 贷款规则

序号	贷款类型	还款/利息违约容忍期/天	利息违约金比例	还款违约金比例	本金OID减数1	本金OID减数2	利息OID减数1	利息OID减数2
1	长贷	25/30	0.1	0.1	0.1	0.2	0.1	0.2
2	短贷	25/30	0.1	0.1	0.1	0.2	0.1	0.2

表7-10 贷款套餐

套餐名称	贷款期限	每期天数	贷款金额（每份20W）/份	利率
2季短贷	2季	90	10	0.05
3季短贷	3季	90	10	0.05
4季短贷	4季	90	10	0.05
2年长贷	2年	360	20	0.10
3年长贷	3年	360	20	0.10

1）贷款额度：上年权益×额度计算倍数（上年权益额从上年"资产负债表"查看）。

2）贷款类型：两种贷款可以自由组合，但长短贷额度之和不能超出上年权益的3倍。

①长期借款：是指公司向银行借入的期限在1年以上（不含1年）的各项借款。公司可在年中任何日期申请长期贷款，到期一次付息还本。

②短期借款：是指公司向银行借入的期限在1年以内（含1年）的各项借款。公司可在年中任何日期申请短期贷款，到期一次付息还本。

3）贷款申请时间：各年正常经营的任何日期（不包括"年初"和"年末"）。

4）贷款是以"套餐"方式提供，套餐中规定了每份套餐的具体参数，如2季短贷套餐，一份为20W，使用期为2季（90天/季），贷款利息为年息5%等。

申请贷款时，输入申请该套餐的份数，如10份，总贷款量即为：10份×20W（套餐金额）=200（W）。

5）贷款与利息的还款。

①系统每月1日生成本月到期贷款和应还利息的账单，但不提供具体到期日的信息（可以在"收支明细"查询具体到期日期）。

②正常还贷款和还利息可以在贷款到期或者利息到期日之前（含到期日当天）操作，否则将进入容忍期，即产生违约金和扣除OID减值1。

③如果当月应还贷款进入容忍期（即违约未还），那么不能进行贷款操作（不论是否还有额度）。

④如果容忍期内仍然没有完成贷款支付，系统将强制扣除违约的费用及违约

金，并按照表 7-6 的规则扣减 OID 减值 2。

（2）应收款和应收款贴现。

1）应收款：是公司应收但未收到的款项。

2）应收账期：是从确认应收款之日到约定收款日的期间。

3）贴现是指债权人在应收账期内，贴付一定利息期提前取得资金的行为。不同应收账期的贴现利息不同。应收款贴现如表 7-11 所示。

表 7-11 应收款贴现

序号	贴现费用率	贴现期/天
1	0.05	30
2	0.10	60
3	0.15	90
4	0.20	120

注：贴现期 30 天的贴现率，是指含 30 天以内的贴现率均为 0.05，60 天的贴现率为大于 30 天且小于等于 60 天的贴现率。

（3）应交费用计算和交纳。

应交费用计算规则如表 7-12 所示。

表 7-12 应交费用计算规则

序号	费用类型	算法	计算值/W	费用比例	扣减资源	计算时间	是否手工操作
1	管理费	固定常数	5	1	现金	每月1日	是
2	维修费	生产线原值×费用比例	计算	0.1	现金	满360天	是
3	折旧	（生产线原值-残值）÷折旧年限	计算	1	生产线净值	满360天	系统自动扣除
4	所得税	（当年权益-纳税基数）×费用比例	计算	0.2	现金	每年年末	系统自动扣除

1）每月 1 日，系统按照表中规定的计算方式，自动计算出本月应交的费用项，分别列示在当月应交费用表内；利息和银行还款也被列在本费用表中一并处理。

2）费用支付有系统自动扣减和手动支付两种。

①系统自动扣减项：在当月计算后，系统自动执行支付（如：所得税和折旧）。

②手动支付项：在本月的任何日期，先手动选择费用项，单击"支付"执行支付，被选定的费用项全额支付。

3）如果费用项有指定的到期支付日期（如：生产线维修费 16 日为到期日），需在到期日之前（包括到期日当日）支付，否则按违约处理。

①本月内到期的费用可以选择提前支付。

②如果某种费用支付截止日期前未完成支付操作，则被记为违约费用，需要额外计算违约金（违约金＝费用本金×违约比例），此时显示的应支付费用即为费用本金＋违约金。

③本月费用没有在 30 日前（包括 30 日）支付，将合并到下月费用中，但上月未交费用为违约未交状态，并按照设定的违约金比例，计算违约金，违约金将被合并到下月费用中。

④如果容忍期内仍然没有完成支付，系统将强制扣除违约的费用及违约金，并按照表 7－6 OID 的规则，扣减所有市场的 OID 减值 1 及 OID 减值 2。

4）本年 12 月份，将对本年的所有费用进行强制清缴，即：

①12 月份的所有费用的容忍期到期日调整为 12 月 29 日；

②12 月 30 日即对所有未交费用按照强制扣除处理，并按照 OID 减值 1，OID 减值 2 扣减所有市场的 OID。费用违约规则说明如表 7－13 所示。

表 7－13 费用违约规则说明

序号	费用明细	是否扣减全部市场 OID	违约金比例	违约容忍期限/天	OID 减值 1	OID 减值 2
1	管理费	是	1	30	0.1	0.1
2	所得税	否	0	30	0	0
4	折旧	否	0	30	0	0
5	维修费	是	0.2	30	0.1	0.1
6	基本工资	否	0	30	0	0
7	员工福利	否	0	30	0	0

（4）财务费用表。

财务费用表如表 7－14 所示。

表 7－14 财务费用表

资金项目	金额	目标表表项
管理费		"费用表"管理费（第一项）
设备维修费		"费用表"设备维修费（第二项）
转产及技改		"费用表"转产及技改（第三项）
基本工资	金额为 0	"费用表"基本工资（第十项）

续表

资金项目	金额	目标表表项
培训费	金额为0	"费用表"培训费（第十一项）
财务费用		"利润表"财务费用（+）（第九项）
本年折旧		"利润表"折旧（+）（第五项）
违约罚金合计		"利润表"销售（-）（第九项）
现金余额		"资产负债表"现金（第一项）
应收款		"资产负债表"应收款（第二项）
应付款		"资产负债表"应付款（第十四项）
长期贷款余额		"资产负债表"长期贷款（第十二项）
短期贷款余额		"资产负债表"短期贷款（第十三项）
股东资本		"资产负债表"股东资本（第十七项）
所得税		"利润表"所得税（第十一项）

1）管理费、设备维修费、转产及技改：是全年支付的总和。

2）基本工资、培训费：是人力资源支出的操作工人的费用，每月1日在系统账单中列支，可以通过现金支出查询全年总和。

3）财务费用：财务费用包括本年的贷款利息和贴现利息之和。

4）折旧：本年提取的生产线折旧合计，数据来源于本年消息通知有哪条生产线发生过折旧，然后查询生产线类型，计算出提取的折旧额。

5）违约罚金合计：
①维修费违约；
②管理费违约；
③代工收货违约；
④税款违约金；
⑤租金违约金；
⑥处理财产损失。
（注：财产损失是出售生产线的资产损失，资产损失 = 生产线价值 - 累计折旧 - 残值）

6）所得税：此项需要根据本年的权益合计计算是否需要交税而定。其操作方法如下：
①若当年税前利润为负（≤0），则当年为不盈利，不用交税；
②若当年税前利润为正（>0），则当年为盈利。

所得税计算公式：

所得税 = 应税金额（当年税前利润 - 以前年度亏损）× 税率

(三) 采购总监

单击进入"采购总监"经营页面,如图7-3所示。

图7-3 "采购总监"经营页面

1. 采购总监任务清单。

采购总监任务清单见表7-15。

表7-15 采购总监任务清单

序号	运行期	任务
1	年初	参加订货会,获取订单
2	年初、年中	预算经费申报
3	年中	原料市场预定原料
4	年中	原料仓库收货和付款
5	年中	现货交易市场出售原料
6	年中	现货交易市场购买原料
7	年中、年末	填制采购统计表

2. 采购总监主要职责说明

采购总监负责公司所有采购工作,策划和制定采购策略、采购方案,保证为其他部门提供足够的物资,例如,研究公司产品需求及销售情况,与其他部门协商提出采购计划,确保公司运营的正常采购量,注意减少公司运营成本和不必要的资金浪费(原料过期)等。下面结合采购总监岗位所涉及的规则详细说明采购总监在经营过程中的具体职责。

(1) 原料采购规则。

原料采购规则见表7-16。

表 7-16 原料采购规则

序号	供应商标识	原料标识	单价/W	当前数量	质保期/天	交货期/天	违约金比例	违约容忍期/天	OID1	OID2	提前处理期/天
1	系统供应商	R1	10	2 000	100	30	0.1	20	0.1	0.1	30
2	系统供应商	R2	10	2 000	100	30	0.1	20	0.1	0.1	30
3	系统供应商	R3	12	2 000	100	60	0.1	20	0.1	0.1	30
4	系统供应商	R4	12	2 000	100	60	0.1	20	0.1	0.1	30

1）原料采购市场。

①公司可向系统购买原料。

②市场原料的数量每季各不相同，以系统当年各季数据为准。

2）原料预订及收货。

①原料供货需提前预订，预订不需要预付费用；原料订货订单下达之日起，根据表 7-16 中的"交货期"确定收货日期。

a. 在收货日期当天可以进行"收货"操作；

b. 若当天未完成收货操作，第二日起，进入收货违约容忍期（图 7-16），在容忍期间仍可以进行收货操作，但需交纳违约金（与货款一同交纳），同时，扣减所有市场的 OID 减值 1。

c. 若超过违约容忍期仍未完成收货，系统将强制取消订单，同时从财务账户强制扣除违约金，同时扣减所有市场的 OID 减值 1 和 OID 减值 2。

②原料订单取消，被"取消"的原料，当天补充返回"现货交易市场"的原料订单，且该原料该年的出售单价改为"原料订货大厦"原料价格的 2 倍，则可继续被订货，年末刷新。

③单击"收货"时，系统将从采购总监账户划转资金，支付原料采购费用，同时收货。若采购总监账户资金不足，则"收货"操作失败。

3）原料出售与失效。

①原料的"质保期"（表 7-16 原料供货通用规则）从到货日开始计算，在失效日期（含当天）内，原料可以上线生产；原料失效天数在"提前处理期"（表 7-16 原料供货通用规则）以上的，可以进行销售。

②原料失效日期过后的第一天，系统强制清除失效原料。

4）为避免原料采购中恶意占用资源的行为发生，在每次下原料订单时，当订

购原料价值超过公司总价时,无法订购原料,其公式为:

当现金总量 + 当前应收 + 当前贷款剩余额度 + 在产品价值 + 产成品 < 本次订购原料价值 + 未收货原料价值时,则无法进行原料订货。

具体判断方法为:

①先判断现金,若现金 > 本次订购原料价值 + 未收货原料价值时,则不受限制;若现金 < 本次订购原料价值 + 未收货原料价值时,则继续判断。

②判断现金 + 当前应收,若大于本次订购原料价值 + 未收货原料价值,则不受限制;若小于,则继续判断。

③判断现金 + 当前应收 + 当前贷款额度,若大于本次订购原料价值 + 未收货原料价值时,则不受限制;若小于,则继续判断。

④判断现金 + 当前应收 + 当前贷款额度 + 在产品价值 + 库存价值,若大于本次订购原料价值 + 未收货原料价值,则不受限制;若小于,则提示资金风险,无法订购。

(2)现货交易规则。

现货市场订单规则见表 7-17。

表 7-17 现货市场订单规则

序号	商品标识	当前可售数量	市场单价/W	市场收购单价/W	出售质保期/天	交货期/天	年份
1	R1	20	20	5	50	0	1
2	R2	20	20	5	50	0	1
3	R3	20	24	6	50	0	1
4	R4	20	24	6	50	0	1

1)现货交易。

①现货市场的交易均为现金现货交易,购买时,按照"市场单价"(表 7-17)从采购总监现金账户中划转资金;若资金账户不足,则终止交易。

②出售时,公司出售给现货市场的原料的失效天数在"提前处理期"(表 7-16)之前的,按照"市场收购单价"(表 7-17)进行计算。系统自动按照先进先出的原则和处理提前期的原则,提取公司原料库存,如原料库存不足,则交易失败。

2)现货交易市场的原料数量及价格。

现货市场的订单各年均以表 7-17 现货市场订单规则中列出的数量为基准,有公司购买成功,则减少相应数量;有公司销售成功,则增加相应数量。

(3)采购总监填写的原料统计表。

原料统计表如表 7-18 所示。

表 7-18 原料统计表

原料	库存原料数量/件	库存原料价值/W	零售（含拍卖）收入/W	零售（含拍卖）成本/W	失效和违约价值/W
R1					
R2					
R3					
R4					

特别提示：表 7-18 中的所有数据均按正数填入。

表中各数据项将用于合成三表，其中合成方式如下：

①表中各原料库存原料价值合计后，记为"资产负债表"的原料项的"期末数"；

②表中各原料（"零售收入"－"零售成本"）合计后，记为"利润表""营业外收支"项"金额"；

③表中各原料"失效和违约价值"合计后，以负数并入"利润表"的"营业外收支"项"金额"；

填写报表时的数据来自各个原料本年的以下数据：

①库存原料数量：当前的库存数量（在当前库存中查询）；

②库存原料价值：当前库存价值的总金额（在当前库存中查询）；

③零售（含拍卖）收入：当年在现货市场卖出原料和在拍卖市场卖出原料的总收入（需要在零售时记录）；

④零售（含拍卖）成本：当年在现货市场卖出和在拍卖市场卖出时出库的总成本（需要在零售时记录）；

⑤失效和违约价值：当年被强制清除的过期原料价值（需要查询相关消息统计），以及收货违约产生的违约金和订单取消产生的收货违约金（查询当年的采购订单获得）。

（四）生产总监

单击进入"生产总监"经营页面，如图 7-4 所示。

图 7-4 "生产总监"经营页面

1. 生产总监任务清单

生产总监任务清单如表 7-19 所示。

表 7-19 生产总监任务清单

序号	运行期	任务
1	年初	参加订货会
2	年初、年中	预算经费申报
3	年中	新建生产线
4	年中	转产/技改生产线
5	年中	出售生产线
6	年中	全线推进（厂房内的所有生产线的状态推进）
7	年中	全线开产（厂房内的所有生产线上线开产）
8	年中、年末	填制生产报表

2. 生产总监主要职责说明

生产总监负责公司全面生产和生产设备的管理，例如，与各部门协商制定年度生产计划，综合平衡年度生产任务，负责生产设备的申购，保证生产线按计划开产，转产/技改生产线提高产能等。下面结合生产总监岗位所涉及的规则详细说明生产总监在经营过程中的具体职责。

（1）生产线通用规则。

生产线参数规则如表 7-20 所示，计件工资规则如表 7-21 所示，工人工种等级及数量规则如表 7-22 所示。

表7-20 生产线参数规则

序号	生产线标识	每期安装投资/W	安装期数	每期安装天数	生产期数	每期生产天数	残值/W	技改期数	每期技改天数	每期技改费用/W	技改提升比例
1	手工线	50	0	0	2	60	5	1	30	40	0.25
2	自动线	50	3	30	1	70	15	1	10	20	0.2
3	柔性线	50	4	30	1	60	20	1	10	20	0.2

序号	转产期数	每期转产天数	每期转产费用/W	提取折旧天数	维修费用/W	操作工人总数	初级以上人数	中级以上人数	高级以上人数	技改次数上限	折旧年限
1	0	0	0	360	5	3	3			2	6
2	2	15	20	360	15	2		1		1	6
3	0	0	0	360	20	2			1	1	6

表7-21 计件工资规则 单位：W

工资类 工种	初级工	中级工	高级工
计件工资	4	5	6

表7-22 工人工种等级及数量规则

数量 工种	初级工	中级工	高级工
数量	50	50	30

1) 生产线安装。

①生产线需经过"安装期数"（表7-20生产线参数规则）才可完全建成，每期需要投入时间为"每期安装天数"，投入资金为"每期安装投资"。

生产线建成总价 = "安装期数" × "每期安装投资"

生产线建成时间 = "安装期数" × "每期安装天数"

②生产线安装完一期（到期当天或之后），需通过"全线推进"结束本期，开启下期。当生产线仍有下一安装期时，安装投资将从生产总监资金账户中划拨，如金额不足，则推进失败。

2) 生产线生产。

①生产线生产有先决条件。

a. 需拥有该产品生产资质。

b. 需有充足的原料。
　　c. 公司内有足够的操作工人。
　　d. 生产总监账户中资金需足够支付工人工资。
②满足产品生产条件后，单击"全线开产"，开启生产周期。
$$产品生产时间 = "生产期数" \times "每期生产天数"$$
③当产品生产完成（到期当天或之后），需单击"全线推进"，进入下一个生产期，或完成生产。否则产品将一直处于"加工中"状态。
④操作工：每种生产线需要相应的操作工人完成，其中有 2 个重要参数（表 7-20）。
　　a. 操作工总数：每类生产线必须的操作工人数。
　　b. 操作工级别：每类生产线要求的最低级别操作工人数。
　　c. 要求的最低级别人数不够时，可以由高于本级别的工人代替，但相应的计件工资会提高（不同级别的工人计件工资参数见表 7-21）。
　3）生产线技改及转产。
　①技改：对安装完成的生产线，通过技术改造减少"每期生产天数"，一次技改减少生产天数 = 当前每期生产天数 × 技改提升比例。即一次技改后的生产周期变为 [原生产周期 × (1 - 技改效率)]，取整方式为四舍五入。例如，原生产效率 66 天，技改提升效率 0.25，技改一次后的生产效率为 66 × (1 - 0.25) = 49.5，之后进行四舍五入，结果为 50 天。
　②转产：如生产线变换生产品种时需进行生产线转产。
　③技改和转产条件。
　条件 1：只能在"停产"状态时启动技改和转产操作。
　条件 2：生产总监的资金账户必须有足够支付技改和转产费用的资金。
　4）生产线相关费用计算。
　①折旧：生产线建成后 360 天内不计提折旧，之后每年提取一次折旧，提取的时间是：建成第 361 天计提第一次折旧，第 721 天计提第二次折旧，依次类推，直到建成后的第七年，提取最后一次折旧后，不再进行计提折旧操作。
$$提取的折旧额 = （生产线总价值 - 生产线残值）÷ 折旧年限。$$
　②维修费：建成的生产线按年交纳维修费，以建成当天开始计算，每年的这一天就是支付维修费的截止日。
　③生产线残值与出售。
　　a. 当生产线净值≥生产线残值时，需要提折旧。
　　b. 出售生产线的价格，当出售生产线时，只能按照生产线残值出售。
（2）产品物料清单。

产品物料清单如表 7-23 所示。

表 7-23 产品物料清单

序号	产品标识	R1/件	R2/件	R3/件	R4/件	P1/件	P2/件	P3/件	P4/件
1	P1	1							
2	P2	1	1						
3	P3			1	2				
4	P4	2			2				
5	P5	1	1	3	1				

产品物料清单是一个产品构成所用原料或产品的件数,或称产品的生产配方。组织生产时,需要按照此配方准备原料。

(3) 生产预配规则,分为手动预配和自动预配两种模式。

1) 手动预配。

①将下次上线生产的原料从库房配送到指定的生产线。原料按照先进先出的原则,出库到生产线(原料库存减少)。

②将操作工人指派到指定的生产线。

③"生产预配"可以在年初、年中的任意时间进行操作,生产线在停产、生产、技改、转产时均可以进行生产预配。

2) 自动预配。

生产总监有足够生产的原料和支付工人的工资,单击"全线开产"即可开始生产,否则生产线一直处于"停产"状态。

(4) 生产总监操作规则。

生产总监通过对各厂房进行"全线开产"和"全线推进"两个操作,对厂房中的生产线进行"开产"和"推进"操作。

1) 全线开产:对厂房内所有生产线进行生产操作;

2) 全线推进:是对厂房内所有生产线进程的推进操作,完成操作或开启下一期:

①投资建线中的"投资期"完成并推进到下一投资期开始(包括最后一期推进完成建线)。

②生产操作的"加工期"完成并推进到下一期开始(包括最后一期加工到期后,只有推进才能让产品完工下线)。

③转产操作的"转产期"完成并推进到下一转产期开始(包括最后一期转产到期后,只有推进后才能结束转产)。

④技改过程的"技改期"完成并推进到下一技改期开始(包括最后一期技改到期后,只有推进才能结束技改)。

3）生产线的"冻结"和"解冻"。

为了不让生产线进行"全线开产"和"全线推进"操作，选择"冻结"，选择"解冻"即让生产线参加"全线开产"和"全线推进"操作。

（5）生产总监负责填写的报表。表7-24为在制品统计报表。表7-25为生产设备统计报表。

表7-24 在制品统计报表

在制品	在制品数量	在制品价值/W
P1		
P2		
P3		
P4		
P5		

注：产品"在制品价值"合计后并入"资产负债表"的"在制品"项目的年末数。

表7-25 生产设备统计报表

生产线	建成设备总价值/W	累计折旧	在建已投资额/W
手工线			
自动线			
柔性线			

注：各生产线的"总投资"合计－"累计折旧"合计（生产线净值）并入"资产负债表"的"机器与设备"项的"期末数"，各生产线的"在建已投资额"合计数并入"资产负债表"的"在建工程"项的"期末数"。

填报时的数据采自生产线本年状态数据：

①在制品数量：当前所有生产线正在生产的产品数量（在当前生产线详细资料中查询）；

②在制品价值：当前所有生产线上的在制品总价值（包括原料成本和计件工资），数据来源于当前生产线详情；

③生产线总投资：当前生产线的总价值，即生产线原值总和；

④生产线累计折旧：当前生产线的累计折旧合计；

⑤在建已投资额：当前在建的生产线已经投入的资金总和，即不管何时开始投建的生产线，只要当前的状态是在建，则记为"在建已投入资金"。

（五）销售总监

单击进入"销售总监"经营页面，如图7-5所示。

图 7-5 "销售总监"经营页面

1. 销售总监任务清单

销售总监任务清单如表 7-26 所示。

表 7-26 销售总监任务清单

序号	运行期	任务
1	年初	参加订货会，获取订单
2	年初、年中	预算经费申报
3	年中	产品交货
4	年中	现货交易市场出售产品
5	年中	现货交易市场购买产品
6	年中	临时交易市场获取订单
7	年中、年末	填制库存和产品统计表

2. 销售总监主要职责说明

销售总监负责公司销售方案的实施，并进行销售预测。例如，分析市场产品信息，与各部门协商制定销售策略，把握销售预算、销售费用，定期进行销售总结，确保按时交货等。下面结合销售总监岗位所涉及的规则详细说明销售总监在经营过程中的具体职责。

（1）订单通用规则。

1）订货会是每年年初公司在订货会分市场集中获取订单的过程。

2）订单状态：当年分配的所有订单，均可在产品仓库订单中查询。每张订单都标有状态。销售订单状态说明如表 7-27 所示。

表7-27 销售订单状态说明

状态	状态印章	状态说明	下一步操作
订单未交货	未完成	正常未交货订单	交货
订单正常交货	完成	正常交货	收应收款
容忍期内未交货的订单	违约未完成	可以交货（计算违约金）	交货
容忍期内交货	违约完成	在容忍期内完成交货	收应收款（扣除违约金）
容忍期后未交货	取消	取消订单并强扣违约金	强扣违约金

3) 订单"交货"与"取消"规则。

交货规则如表7-28所示。

表7-28 交货规则

序号	市场	订单违约金比例	违约容忍期限/天	OID减数1	OID减数2	临时延期交货时间/天	临时单价放大倍数
1	本地	0.2	30	0.3	0.1	90	1
2	区域	0.2	30	0.3	0.1	90	1
3	国内	0.2	30	0.3	0.1	90	1
4	亚洲	0.2	30	0.3	0.1	90	1
5	国际	0.2	30	0.3	0.1	90	1

①所有订单必须在订单规定的"交货"日期前（包括当日），按照订单规定的数量交货，一个订单不能拆分交货。

②"交货"日期后的第一天还未完成"交货"的订单被标注"违约未完成"状态，进入容忍期。在容忍期间仍然可以进行"交货"操作，但系统会计算"违约金"，并扣减诚信度OID减值1。如果在容忍期内完成交货，那么将从应收款中扣除违约金。

③容忍期结束日之后，仍未执行"交货"的订单被派放到"临时交易"市场，原订单标注为"取消"状态，不能执行"交货"操作，同时，强制扣除违约金和诚信度OID减值2。

④容忍期截止日期跨年的订单，可以保留到下年。下年完成交货后，计入下年的销售收入；下年不能完成的违约订单，将被直接取消，扣减OID减值2，但不进入下年的"临时交易"市场，扣除的违约金计入下年报表中。

⑤"交货"完成的日期是应收账期的起始日期。

(2) 临时交易的订单规则。

"临时交易"是指在年中运行期内发生已被分配的订单"取消"时，重新设定

"价格"和"交货期"后在"临时交易"市场中进行交易的活动。临时交易有如下规则：

1)"临时交易"发生在年中（1~12月）的运行期间。若年初订货会中已分配的订单被其他队伍"违约取消"，出现在订货会中，则可在订货会的"临时交易"进行申请分配操作。

2)"临时交易"的出现条件。

当某公司的订单进入容忍期时，将向公司的所有"销售总监"发布"临时交易"市场订单预告，预告信息包括市场名称、产品名称、产品数量、预计上架日期等。

①若容忍期的订单被取消，取消当日按市场进入"临时交易"市场；若该订单为第二次被取消，则不进入"临时交易"市场。

②如果预告的临时订单在容忍期完成交货，则不再进入"临时交易"市场。

③订单交货期自原订单取消之日起，按系统设置天数后延；订单产品单价根据市场情况，可能与原订单不同。

④如果"临时交易"订单直到交货日到期后的第一天，仍然还有剩余的产品数量没有被申请，那么该订单将被取消，并且不再进入"临时交易"市场进行交易。

⑤"临时市场"未分配的订单不跨年，即本年结束后，撤销"临时交易"市场中所有未分配的订单；若取消订单容忍期在本年结束后，则不进入临时市场。

3)"临时交易"接取条件。

①"临时交易"分市场进行，需有该市场资质。

②获取"临时交易"订单的资质要求与订货会的要求一样，除此之外，还要求公司本年在该市场中没有违约交货的记录（包括"违约完成"和"取消"的记录），否则将不能获取本市场的"临时交易"订单。

③"临时交易"订单只能被运行在临时订单发生日期之后的公司查看到，运行时间在临时订单发生日期之前的公司将无法看到该订单。

④"临时交易"订单分配按照操作的系统时间先后顺序进行分配，与公司运行日期和公司知名度排名无关，即按照提交申请的系统时间确定先后。

  a. 如果分配时订单产品剩余数量大于等于"申请"数量，全数分配。
  b. 如果分配时订单产品剩余数量小于"申请"数量，按剩余数量分配。
  c. 如果分配时订单产品剩余数量为0，那么停止分配。

⑤"临时交易"订单可以被分割获得，即可以获取订单中的部分产品数量。

"临时交易"订单可以被部分批准，即：订单剩余产品数量小于申请数量时，按剩余产品数量分给申请公司（申请公司只能取得部分申请的产品数量）。

⑥"临时交易"中多次申请同一张订单成功，如果没有交货的情况下，则按照单号合并成一张订单。其中，产品数量等于多张订单产品数量之和，已交货的订单除外。

⑦已分配的"临时交易"订单交货期跨年，可以保留到跨年交货，销售收入

计入下年。

(3) 现货交易规则。

现货市场订单实例如表7-29所示。

表7-29 现货市场订单实例

序号	商品标识	当前可售数量	市场出售单价/W	市场收购单价/W	出售质保期/天	交货期/天	年份
1	P1	20	100	30	0	0	1
2	P2	20	100	40	0	0	1
3	P3	20	200	50	0	0	1
4	P4	20	200	60	0	0	1

①现货市场的订单各年均为表7-29现货市场订单实例中列出的数量。

②现货市场的交易都是现金现货交易，买卖成交后，先从销售岗现金账户中划转资金，再从市场中转移产品；若账户资金不足，则终止交易。

③现货市场采购产品的价格是表7-29现货市场订单实例中的"市场出售单价"，而公司出售产品的单价，按照表7-29现货市场订单实例中的"市场收购单价"计算。

④公司出售给现货市场的产品成交后，增加当期的现货市场产品的库存量。

(4) 销售总监填写的报表。

1) 产品统计表。

产品统计表如表7-30所示。

表7-30 产品统计表

项目	数量	订单收入	违约罚款	销售成本	产品库存数	库存价值
P1						
P2						
P3						
P4						
P5						

数量：填写"当年"已交货的订单，可以从当年的产品库存单据中查询。这些单据包括：

  a. 年初订货会订单交货出库；

  b. 现货市场销售出库；

  c. "临时交易"市场已交货订单。

2) 订单收入。

按照表7-31销售收入计算规则的算法进行销售收入的计算汇总。

表7-31 销售收入计算规则

销售操作	销售总额 （数量×单价）	违约金 （销售总额×违约比例）	销售收入计算
订单按期交货	订单总额	0	订单总额-0
订单违约交货	订单总额	订单总额×违约比例	订单总额×（1-违约比例）
订单违约取消	0	订单总额×违约比例	0-违约金
现货零售	产品出售总价	0	产品出售总价-0

①订单总额：通过查询当年已完成的订单直接获取。

②违约金：通过查询当年已处理（包括完成和取消）订单的"罚金"项直接获取。

③现货零售：需要在现货市场卖出产品时，自行记录或从消息中获得。

④销售成本：查询当年已处理的订单中的"转出成本"项直接获取。

⑤库存数量：直接从库存状态中获取。

⑥库存价值：直接从库存状态中获取。

第八章

起始年运营

一、经营运行时间

约创经营运行时间分为 4 年或 6 年,以 4 年的经营运行时间为例。每年分为 3 个阶段,年初、年中、年末。

年初:20 分钟,共分为 3 个阶段,广告投放、第一轮选单、第二轮选单。
年中:60 分钟,共 4 个季,12 个月的经营,每季 15 分钟。
年末:15 分钟,用于填写报表。每阶段经营时间分配如表 8-1 所示。

表 8-1 每阶段经营时间分配

经营功能	运行启动	年初阶段	年中阶段	年末阶段
促销广告及计划	裁判手动	5 分钟	×	×
第 1 次申请订单	自动	10 分钟	×	×
第 2 次申请订单	自动	5 分钟	×	×
第一季	裁判手动	×	15 分钟	×
第二季	裁判手动	×	15 分钟	×
第三季	裁判手动	×	15 分钟	×
第四季	裁判手动	×	15 分钟	×
商业情报收集+报表审核上报	裁判手动	×	×	10 分钟

注:教师可根据课时手动预先设定年初广告和选单时间,也可以随时结束每季时间。

其中"×"表示经营功能在本阶段禁止使用。

每阶段注明的时间表示经营功能允许操作的时间,超过这个时间,则该功能自动关闭。

二、了解详情和市场预测

各岗位成员进入岗位办公室后,首先需要知道公司的现状,才能据此进行未来计划的制定。公司详情如图 8-1 所示。

图 8-1　公司详情

通过公司详情了解公司目前现金总数、长短贷情况，同时，查看公司是否已经购买、租用厂房、已建的生产线和原料库存，清点产品库存。查看资质和市场开拓情况，确定公司是否可以立即投入生产。作为生产型公司，生产能力和市场嗅觉都很重要，只有持续不断地生产市场需要的、利润较高的产品，公司才能够获得更高的利润。市场预测如图 8-2 所示。

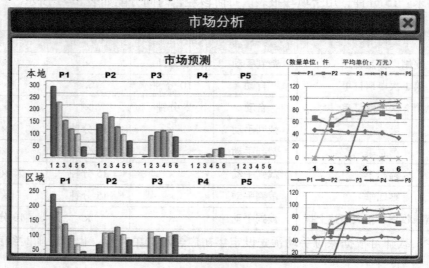

图 8-2　市场预测

三、年初运营

年初运营共 20 分钟，分为三个阶段："广告投放" 5 分钟，"第一轮选单" 10 分钟，"第二轮选单" 5 分钟。在这三个阶段，共需要完成广告投放、选单及资质开发三项工作。年初运营流程如图 8-3 所示。

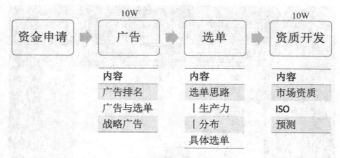

图 8－3 年初运营流程

（一）广告投放

此阶段是唯一能进行“促销广告”投放的阶段，投放“促销广告”的目的是提升该市场中本公司的“公司知名度排名”，订单将按照“知名度排名”顺序进行分配。广告投放阶段需完成的操作：（全部）查看市场→（总经理）预算申报→（财务总监）拨款→（总经理）广告投放。广告费由“总经理”支付，若总经理没有资金，则无法投放。投放流程：右下角订货会→选单→投放广告。广告投放操作界面如图 8－4～图 8－6 所示。由于广告投放阶段时间截止后，公司将无法继续投放“促销广告”，因此公司知名度排名固定。

图 8－4 广告投放操作界面 1

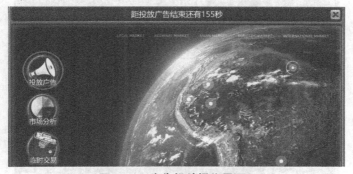

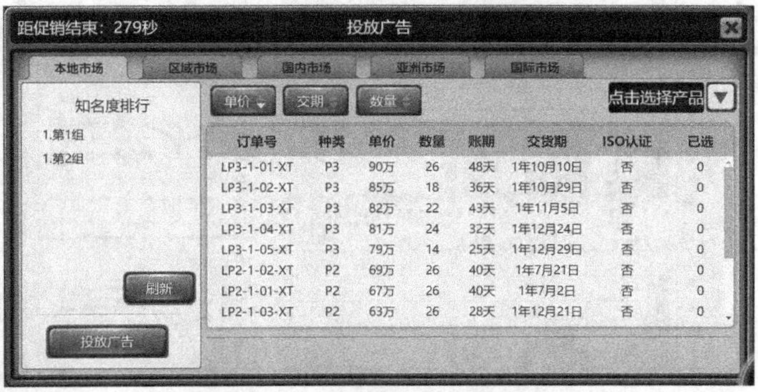

订单号	种类	单价	数量	账期	交货期	ISO认证	已选
LP3-1-01-XT	P3	90万	26	48天	1年10月10日	否	0
LP3-1-02-XT	P3	85万	18	36天	1年10月29日	否	0
LP3-1-03-XT	P3	82万	22	43天	1年11月5日	否	0
LP3-1-04-XT	P3	81万	24	32天	1年12月24日	否	0
LP3-1-05-XT	P3	79万	14	25天	1年12月29日	否	0
LP2-1-02-XT	P2	69万	26	40天	1年7月21日	否	0
LP2-1-01-XT	P2	67万	26	40天	1年7月2日	否	0
LP2-1-03-XT	P2	63万	26	28天	1年12月21日	否	0

图 8－5 广告投放操作界面 2

图8-6 广告投放操作界面3

广告投放直接决定了公司获取订单的能力,而广告又是分市场投放的。对于公司而言,提前规划自己想要获取的订单,确定优势战场是很重要的,而这个规划则是根据市场预测进行的。

单击"年初订单",再单击"市场预测"即可查看,如图8-7和图8-8所示。

注:不同规则中市场预测不同,请于年初订单→市场预测中查看具体时长规则。

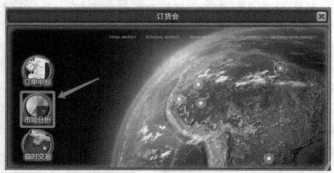

图8-7 市场分析操作界面1

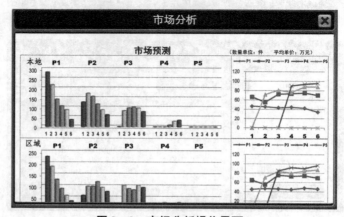

图8-8 市场分析操作界面2

任何岗位需要使用资金时，都需要在自己的岗位资金处有足够的现金。如果没有则需要通过"预算申报"向财务总监进行"预算申报"。如图8-9所示，单击最下方岗位功能中的"预算申报"，在弹出的如图8-10所示的预算申报界面中填写信息并提交。

图8-9 预算申报操作界面1

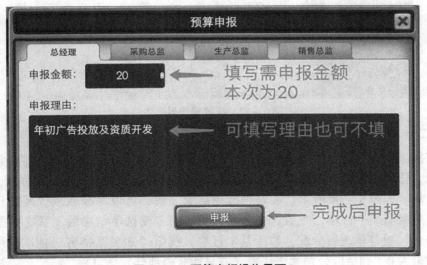

图8-10 预算申报操作界面2

在任意岗位申请"预算申报"之后，财务总监都可在"拨款"处查看该岗位所申报的金额及原因。财务总监可选择"驳回"或"批准"。如果财务岗位现金不足，那么就无法批准。在最下方岗位功能中找到"拨款"（图8-11），单击查看，进行"驳回"或"批准"，如图8-12所示。

图 8-11 拨款操作界面 1

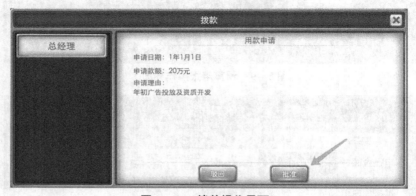

图 8-12 拨款操作界面 2

（二）年初订货

直接进入"订货会"场景，进行"订单申报"，如图 8-13 所示。年初订货分为两轮，任何岗位都可以选单，系统以最后一次申报数量为准。选中订单后，填写产品数量，如图 8-14 所示。在每轮选单结束之前都可以增加或减少所选订单数量，若想取消某一订单，数量选择为零即可。第一轮选单结束后，系统根据"知名度排名"对订单进行分配，对于某个订单，按照"知名度排名"依次分配，若剩余数量为 0，则后续公司无法获得（或只能获得部分）该订单。

如编号为 LP1-1-01-XT 的订单共 55 个，当知名度排名为 1 的公司申请 50 个，排名 2 的公司申请 10 个，排名 3 的公司申请 10 个，结算时，1 公司将获得 50 个，2 公司获得 5 个，3 公司获得 0 个。选单需要根据自己的生产力和生产结构进行选择，若无法完成订单，则需要支付违约费用并扣减公司 OID。

图 8-13　订单申报界面 1

图 8-14　订单申报界面 2

申报后，可在申报详情中查看已申报订单，如图 8-15 所示。

图 8-15　申报详情

第二轮选单是对第一轮选单的补充，对于在第一轮选单中未选中订单或未选够订单的，可以在第二轮选单中进行补选。第二轮选单的订单为第一轮选单中剩余的订单。第二轮选单的选单操作与第一轮选单相同，第一轮选单选中的订单无法更改，若需追加，则需申报追加数额。

各岗位可以通过查看"已分配订单"查看在第一轮选单中被分配的订单,如图 8-16 所示。

图 8-16 选单结果

(三) 资质开发

在"年初"阶段的整个 20 分钟内,都可以进行年初的资质开发。资质开发分为市场准入、ISO 认证、产品资质三种。其中,市场准入及 ISO 认证是可以在年初进行开发的资质。这两种资质当年年初开始开发,在次年年初完成一个阶段。

1. 市场准入开拓

需要选择该市场的订单,需要先开发"市场准入",开发完成后,才能进行选单。在年初广告和选单时间段内,总经理可以进行"市场准入"(即开拓市场)操作。开拓资金由总经理支付,如总经理没有现金,则无法开拓。"市场准入"流程:左上角公司大厦→总经理办公室→资质开发→市场准入。市场准入界面如图 8-17 所示。

图 8-17 市场准入界面

2. ISO 认证

在年初广告和选单时间段内,总经理可以进行"ISO 认证"操作。认证资金由总经理支付,若总经理没有现金,则无法认证。部分订单需要有 ISO 认证才可以选择。"ISO 认证"流程:左上角公司大厦→总经理办公室→资质开发→ISO 认证。ISO 认证界面如图 8-18 所示。

图 8-18　ISO 认证界面

四、年中运营

从一月开始,就需要进行生产准备工作。一家生产型公司需要通过生产产品并销售来盈利,而生产产品的先决条件是拥有厂房、生产线、产品开发资质,同时,各岗位成员也需要熟悉公司运营的基本操作,如时间跳转和交纳管理费等。一月工作进度如图 8-19 所示。

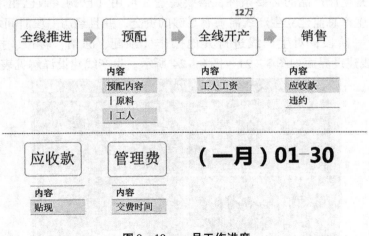

图 8-19　一月工作进度

(一) 建设厂房和生产线

厂房是建立生产线的必要条件（最多 4 个厂房，如图 8-20 所示），生产线是生产产品的必要条件。确认订单的产品交货期后，总经理开始建设生产线，可租用厂房，也可购买厂房。厂房的购买、租用和出售详解见表 8-2。

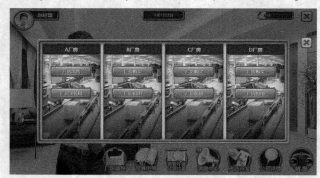

图 8-20　厂房

表 8-2　厂房的购买、租用和出售详解

购买	200 W（将 200 W 现金转为资产，权益不变）
租用	40 W/年（花费 40 W 租金，权益减少）
出售	200 W（需销售厂房中的全部生产线，才能出售厂房，获得现金）
租转买	先购买厂房，之后厂房退租
买转租	先付租金，再将厂房出售

生产线是生产产品的必要条件，需要建造在可用（已购买或已租用）厂房中的空位上。生产总监建立生产线需要有足够的资金，并且经历一段时间才能够将安装推进至下一阶段，对生产线进行其他操作（预配、冻结、转产、技改、出售等），生产线建设界面如图 8-21 ~ 图 8-24 所示。生产线建设详解见表 8-3。

图 8-21　生产线建设界面 1

第八章 起始年运营

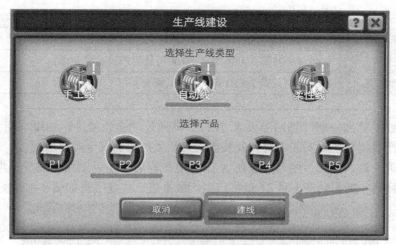

图 8-22 生产线建设界面 2

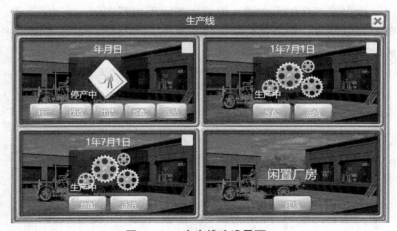

图 8-23 生产线建设界面 3

图 8-24 生产线建设界面 4

表8-3 生产线建设详解

安装总期数	3（共安装3次，需"全线推进"，不自动进入下一阶段）
单期天数	60（一共需 3×60 天 $=180$ 天可将生产线建立完成）
单期费用/W	50（一共需 $3 \times 50 W = 150 W$ 资金）

生产线安装完一期（到期当天或之后），需通过"全线推进"结束本期，开启下期。当生产线仍有下一安装期时，安装投资将从生产总监资金账户中划拨，若金额不足，则推进失败。例如，生产总监在 A 厂房中，若第一条手工线的完成日期为 01 - 21，即将到期，则需要在 1 月 21 日将该生产线推进。建线推进如图 8 - 25 所示。

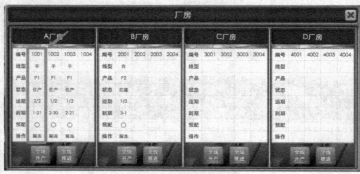

图 8 - 25 建线推进

（二）产品资质开发

在年中经营时段，总经理可以进行"产品资质开发"操作。认证资金花费"总经理"的资金，如总经理没有现金，则无法认证。资质是产品生产的必要条件，只有完成某产品的资质开发，才能在生产线上生产某种产品。产品资质未开发完成时，仍可建立该产品的生产线，但该生产线无法开产。

产品资质开发流程：左上角公司大厦→总经理办公室→资质开发→产品资质。资质开发界面如图 8 - 26 所示。

图 8 - 26 资质开发

在需开发的产品资质下，单击"投资"。已投资且未到本阶段开发完成时间，按钮为灰色"已投资"。产品资质研发的具体说明，即产品资质研发详解如表 8-4。

表 8-4　产品资质研发详解

研发总期数	3（共投资 3 次，均需单击"投资"，不自动进入下一阶段）
单期天数	60（一共需 3×60 天 = 180 天可将 P2 资质开发完成）
单期费用/W	10（一共需 3×10 W = 30 W 资金）
当前开发	—代表当前开发至第几期

（三）申请贷款和费用支出

贷款是解决公司现金流，快速发展公司业务的一个重要部分，公司需要通过贷款推进生产来保证公司的盈利。财务总监单击进入银行场景，进行贷款操作，可以选择短贷，也可以选择长贷，或者长短贷结合的方式，右下角可以查看已贷额度和可贷额度。银行贷款界面如图 8-27 所示。

图 8-27　银行贷款界面

公司运营每月 1 日需要交纳一定的管理费用（包括房租、水电等相关费用）。如本月未交纳管理费，费用将顺延至下月交纳，扣除 OID 并需额外支付违约金。如下月仍未交纳，系统将强制扣除管理费。财务总监在费用支出里查看本月费用支出账单并交纳费用，如图 8-28 所示。

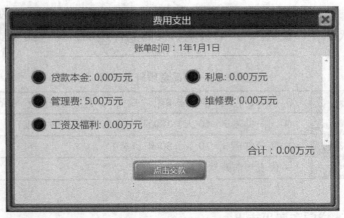

图 8-28 费用支出

(四) 原料订货

采购根据订单数量与产品的交货期,提前购买原料。原料订货如图 8-29 所示。原料在到货日需付款,在仓库中可以查看到已收货的原料数量和失效期,仓库和原料订单如图 8-30 所示。如没有资金收货或晚收货,将进入"收货"违约容忍期,若超过违约容忍期仍未完成"收货",系统将强制取消订单,同时,从财务账户中强制扣除违约金。

图 8-29 原料订货

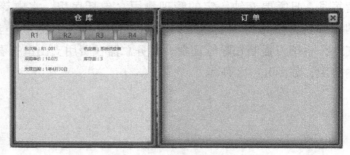

图 8-30 仓库和原料订单

(五)全线生产

生产岗位有足够的原料和资金可以单击"全线开产",如图 8-31 所示。在生产过程中,如果生产周期大于 1,那么应单击"全线推进",直到产品下线。

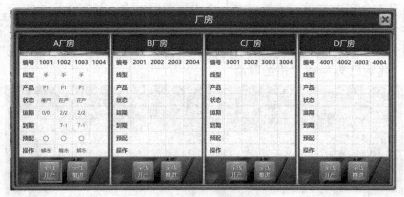

图 8-31 全线开产

生产线开产有以下几个先决条件:

生产线需进行"预配"(有的系统会自动预配);

需有该产品生产资质;

公司需有足够的操作工人;

生产总监账户中资金需足够支付工人工资。

满足生产条件后,单击全线开产,开启生产周期,产品生产时间=生产期数×每期生产天数。当产品生产完成(到期当天或之后),需单击全线推进,进入下一个生产期,或完成生产;否则产品将一直处于"加工中"状态。

如果缺少原料不能按期生产,或缺少成品,那么可直接在现货交易市场里购买原料和产成品,如图 8-32 所示。

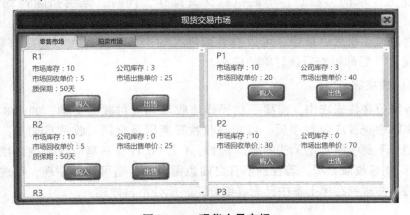

图 8-32 现货交易市场

(六)产品销售

生产总监进行推进之后,在 1 月 21 日,公司下线了一个 P1 产品。对应之前在选购订单时选的 1 个 P1 产品订单,公司可以将其进行销售。

当年分配的所有订单,均可在产品仓库订单中查询,如图 8-33 所示,所有订单必须在订单规定的"交货"日期前(包括当日)按照订单规定的数量交货,订单不能拆分交货。每张订单都会标有状态,分为五种情况"待交""完成""违约未完成""违约已交"和"违约取消"。

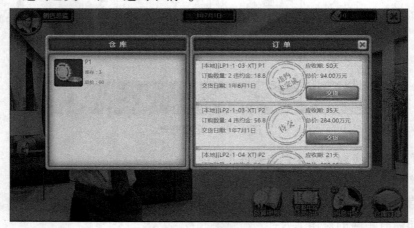

图 8-33 仓库订单

违约:如果交货日期后的第一天还未完成交货的订单被标注"违约未完成"状态,那么将进入容忍期。

容忍期:在容忍期间仍然可以进行交货操作,但系统会计算"违约金",并扣减诚信度。如果完成交货,违约金将从应收款中扣除。

违约取消:容忍期之后,仍未交货的订单被派放到"临时交易"市场,原订单标注为"取消"状态,不能执行交货操作,同时,强制扣除违约金和诚信度。

销售总监在仓库订单中,可以查看到现有的产品库存。在"仓库订单"中,单击"交货"后即可查看该订单的成本。

(七)往来账

财务岗位在往来账中,需要手动操作应收款和应付款的交纳,如图 8-34 所示,往来账中查看应收款项后,可知晓收款日期以及金额。收款日期为,交货当天+账期,不到收款日期无法收款。例如,1 月 30 日有一笔应收款项到期,请跳转至 1 月 30 日收取款项。若在到期日之前急需资金,则可选择贴现,贴现需要的手续费的具体规则在第七章中已有详细介绍,此处不再详述。

图 8-34　往来账

(八) 技改与转产

生产岗位可以通过技术改造缩短当前生产线的生产周期，如图 8-35 所示，在生产线显示停产状态下，可以进行技改操作，不同的生产线有不同的技改次数，例如，对安装完成的生产线，通过技术改造减少"每期生产天数"，一次技改减少生产天数 = 当前每期生产天数 × 技改提升比例，即一次技改后的生产周期变为 [原生产周期 × (1 - 技改效率)]，取整方式为四舍五入。例如，原生产效率 66 天，技改提升效率为 0.25，技改一次后的生产效率为 66 × (1 - 0.25) = 49.5，之后进行四舍五入，结果为 50 天。

生产岗位可以进行生产线产品类型的转变，在生产线显示停产状态下，可以进行转产操作，在厂房中单击需转产的生产线，单击转产，选择转产产品，单击"确定"如图 8-36 所示，如转产需要资金则需提前申请预算。

图 8-35　技改

图 8-36 转产

（九）战略广告

总经理可在年中经营时间投放战略广告（图 8-37），将按照第一年 60%、第二年 30%、第三年 10% 的比例影响未来三年的公司知名度排行。

战略广告在年中可随时投放，但只在每季末进行计算，下季 1 号显示上季最终知名度排名，即年初显示当前排名，第一季显示年初排名，第二季显示第一季排名。战略广告对知名度有延续三年的影响，即投放的广告参与各年（三年）知名度计算。第一年不违约的企业为例，投放战略广告及促销广告的差别如下：

企业知名度排行，按照企业知名度大小排序

企业知名度 = 促销广告知名度 + 战略广告知名度

$\xrightarrow{年初}$ 促销广告知名度（10） = 资金（10）×1；

$\xrightarrow{年中}$ 战略广告知名度（60） = 资金（10）× OID（10）× 0.6/0.3/0.1

企业 OID 影响战略广告的知名度数值，OID 的数值增减如下：

OID——公司经营诚信度（公司详情中查看）；

违约 减少——销售违约、采购违约、管理费等费用违约；

守约，市场占有率增加——不违约则每年递增；

OID——影响战略广告、最终经营分数；

第四年的系统［分数］=（第四年 OID 平均值）× 当年权益

其中"OID 平均值"是各市场的 OID 值的平均数；

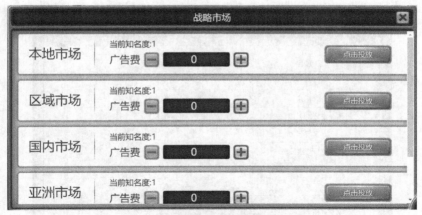

图 8-37 战略广告

五、年末运营

(一) 情报查看

在年末阶段中,公司可查看其他公司的经营状况。如图 8-38 所示,单击"购买情报"并确认即可查看其他组经营情况,制定下一年经营计划。

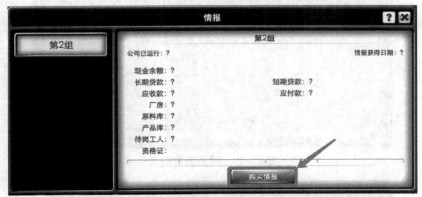

图 8-38 情报

(二) 填制岗位报表

每个岗位都需要填制自己的岗位报表,如果年末时间较短,在年中经营时就可以争取时间填写。进行"暂存",年末尽量多留时间给财务进行报表的核算,各岗位需要填写的报表如下:总经理经营报表(图 8-39)、财务经营报表(图 8-40)、采购经营报表(图 8-41)、生产经营报表(图 8-42)、销售经营报表(图 8-43)。

项目	金额
广告费	3.00
租金	40.00
市场准入投资	20.00
产品研发	0.00
ISO资格投资	10.00
信息费	0.00
厂房价值	0.00

图 8－39　**总经理经营报表**

资金项目	金额	资金项目	金额
管理费	60.00	其他支出合计	0.00
设备维修费	60.00	现金余额	963.00
转产及技改	0.00	应收账款	0.00
工资及福利	0.00	应付账款	0.00
培训费	0.00	长期贷款	1200.00
财务费用	123.40	短期贷款	0.00
本年计提折旧	90.00	股东资本	600.00
所得税	0.00		

图 8－40　**财务经营报表**

项目	库存产品数	库存价值	零售/拍卖收入	零售/拍卖成本	失效和违约价值
R1	0	0.00	0.00	0.00	0.00
R2	0	0.00	0.00	0.00	0.00
R3	0	0.00	0.00	0.00	0.00
R4	0	0.00	0.00	0.00	0.00

图 8－41　**采购经营报表**

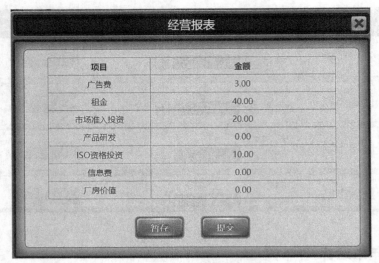

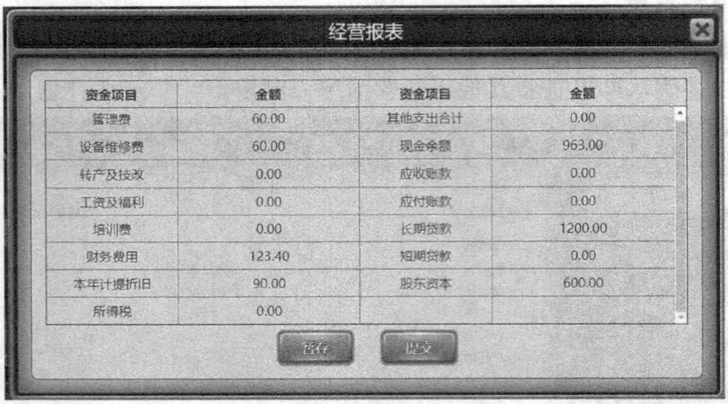

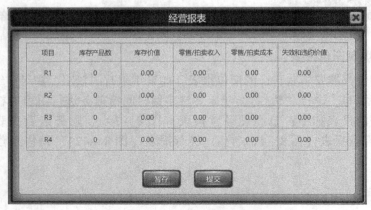

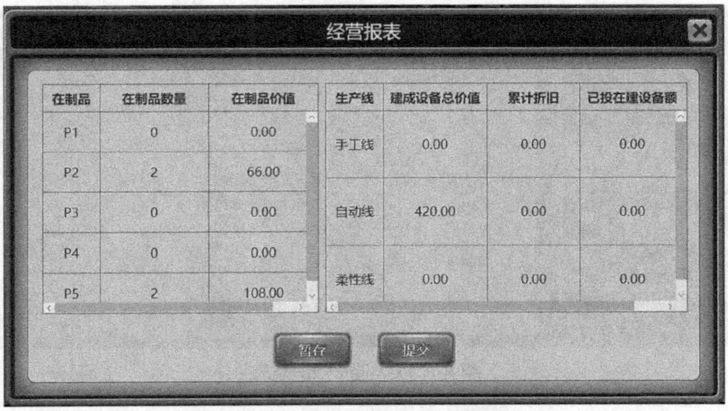

在制品	在制品数量	在制品价值
P1	0	0.00
P2	2	66.00
P3	0	0.00
P4	0	0.00
P5	2	108.00

生产线	建成设备总价值	累计折旧	已投在建设备额
手工线	0.00	0.00	0.00
自动线	420.00	0.00	0.00
柔性线	0.00	0.00	0.00

图 8－42　**生产经营报表**

项目	数量	订单收入	违约罚款	销售成本	库存产品数	库存价值
P1	0	0.00	0.00	0.00	0	0.00
P2	0	0.00	0.00	0.00	0	0.00
P3	0	0.00	0.00	0.00	0	0.00
P4	0	0.00	0.00	0.00	0	0.00
P5	12	1452.00	0.00	648.00	4	216.00

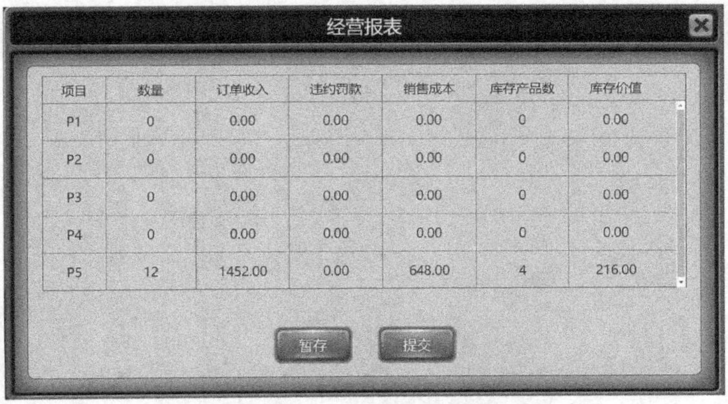

图 8－43　**销售经营报表**

各岗位报表填制完成单击"提交"，生成费用表、利润表和资产负债表，财务岗位检查资产负债表是否填平，如果不平要及时查看是哪个岗位的报表出现了问题，并通知该岗位进行修改后再次提交。费用表和利润表如图 8－44 所示，资产负债表如图 8－45 所示。

项目	金额
管理费	60.00
广告费	3.00
设备维护费	60.00
转产费	0.00
租金	40.00

项目	金额
销售收入	1452.00
直接成本	648.00
毛利	804.00
综合管理费用	193.00
折旧前利润	611.00

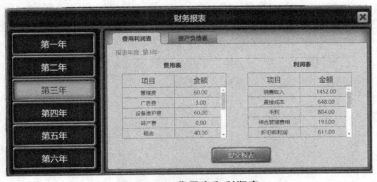

图 8－44　**费用表和利润表**

图 8-45　资产负债表

第九章

案例分析

一、市场预测分析

图 9-1 所示为市场预测，应先进行总体市场产品分析。从成本角度出发，P1 产品成本最低，前期需求量大，但随着时间的推移，后期的利润及数量会逐步下降，可以作为补充销售使用；P2 产品从需求量和价格看是五种产品中最为稳定的，前期需求量增长迅速，价格较为稳定，P2 产品可作为辅助产品进行生产出售；P3 产品需求量平稳增长，速度较快，同时，利润空间大，投入适中，因此可作为主产品；P4、P5 产品成本高，前期投入大，且需求量低，所以不适于前期进行销售，但可作为公司中期投入的高端产品。

用产品售价和产品成本可以得出各产品的毛利情况。如图 9-2 所示，一般产品 P1、P2 会被定位至低端产品，P3 为中端产品，P4、P5 为高端产品。根据公司模拟经营规律在产品中一般选择二低一高产品组合、一低一高组合、二低一中组合、单高、单中组合分布。本案例中的方案选择了低中端产品中的利润最大的 P3 产品（成本按三种生产线生产产品的成本平均值计算）。

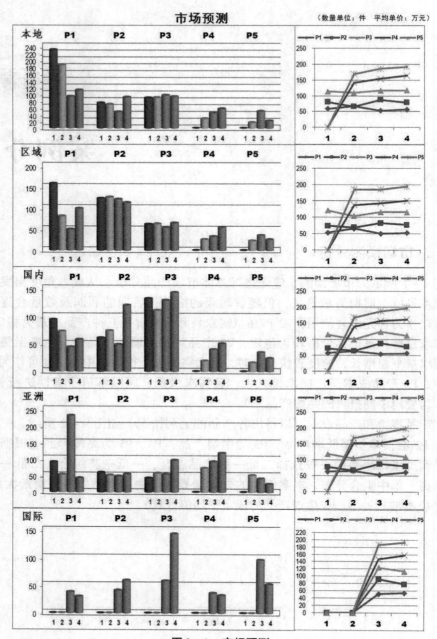

图 9-1 市场预测

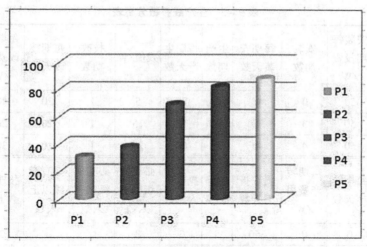

图 9-2 产品毛利分析

二、规则分析

(一) 选择产品

根据产品研发规则（表9-1），选择与公司发展思路相同的优势产品组合，在此方案中，公司选择了产品研发费用和产品成本相对处于中间位置的 P2 和 P3 两种产品。

表 9-1 产品研发规则

序号	产品标示	投资期	每期投资额/W	每期天数/天
1	P1	1	20	30
2	P2	2	20	30
3	P3	3	20	30
4	P4	4	20	30
5	P5	5	20	60

通过上述的市场预测分析，P2 产品适用于作为辅助产品，P3 作为主打产品，同时，如果第一年公司发展良好，则年末可以考虑选择研发 P4 和 P5 两个产品，为公司第二年、第三年快速发展做准备。

(二) 选择生产线

根据生产线参数分析表（表9-2）可以看出，手工线购置价格低但生产周期长，不利于公司前期快速发展。自动线与柔性线生产速度快，而且两种生产线相比，自动线价格相对较低，由于公司创办初期投入较大，资金压力较大，因此选择在第一年购置价格较低，但生产速度相对较快的自动线开局，应在第二年再开始选择增加柔性线的投入。

表9-2 生产线参数分析表

序号	生产线标识	安装每期投资/W	安装期数	每期安装天数	生产期数	每期生产天数	残值/W	技改期数	每期技改天数	每期技改费用/W	技改提升比例/%
1	手工线	50	0	0	2	75	5	1	20	40	0.20
2	自动线	50	3	30	1	75	15	1	20	20	0.20
3	柔性线	50	4	45	1	60	20	1	10	30	0.20

序号	转产期数	每期转产天数	每期转产费用/W	提取折旧天数	维修费/W	操作工人总数	必有初级以上人数	必有中级以上人数	必有高级以上人数	技改次数上限	折旧年限
1	0	0	0	360	5	3	3			2	6
2	2	15	20	360	15	2		1		1	6
3	0	0	0	360	20	2			1	1	6

表9-3为生产线投资回收期计算表。

表9-3 生产线投资回收期计算表

生产线	产品	投入资金/W	安装时间/年	生产能	预计单价	单位成本	毛利	维修费	利息	回收期/年
手工线	P1	50	0	2	53	24	58	5	2.5	0.99
自动线	P1	150	0.25	4	53	21	128	15	7.5	1.67
柔性线	P1	200	0.5	6	53	22	186	20	10	1.78
手工线	P2	50	0	2	72	36	72	5	2.5	0.78
自动线	P2	150	0.25	4	72	33	156	15	7.5	1.37
柔性线	P2	200	0.5	6	72	34	228	20	10	1.51
手工线	P3	50	0	2	115	48	135	5	2.5	0.40
自动线	P3	150	0.25	4	115	45	280	15	7.5	0.83
柔性线	P3	200	0.5	6	115	46	414	20	10	1.02
手工线	P4	50	0	2	140	60	160	5	2.5	0.33
自动线	P4	150	0.25	4	140	57	332	15	7.5	0.73
柔性线	P4	200	0.5	6	140	58	492	20	10	0.93
手工线	P5	50	0	2	170	84	172	5	2.5	0.30
自动线	P5	150	0.25	4	170	81	356	15	7.5	0.70
柔性线	P5	200	0.5	6	170	82	528	20	10	0.90

其中：

$$毛利 = 预计单价 - 单位成本；$$
$$利息为生产线投入资金的机会成本，假设按年利率 5\% 计算；$$
$$回收期 = 安装时间 + 生产线投入资金/（毛利 - 维修费 - 利息）。$$

从表 9-3 可以看出，所有类型生产线生产 P1 和 P2 产品的回收周期都很长，所有产品选择柔性线进行生产的回收期也很长。综合上述数据可以看出，在公司创办初期，用自动线生产利润空间大、需求量大的 P3 产品，那么投资回收期较短，能够满足公司前期快速回笼资金的要求，为公司第二第三年的发展奠定基础。本案例中的公司在第一年年末研发 P4 和 P5 产品，并预计在第二年年初为新研发的产品建立柔性线，虽然柔性线的投资回收期要比自动线长，但是考虑 P4 和 P5 产品竞争压力大，用柔性线进行生产则可以随时转产，避免库存积压。

三、案例分析

（一）案例描述

本案例采用生产较为固定的自动线开局，计划第一年年初开拓全部市场及 ISO 认证、研发 P3 并新建生产线用于生产 P3，购买 2 个厂房，新建 8 条自动线，后续年份进一步研发剩余产品，并新建生产线用来增加生产力。

（二）开局优势

本案例采用自动线开局，自动线生产固定，优点是可在订单选取时，根据固定的产能来快速选取订单，并合理安排本公司第一年的生产计划。同时，新建自动线时投资少、安装周期较短，还可降低产品成本。厂房选择购买也可以大大减少公司后期续租厂房的支出，还可保第一年的权益以便后续贷款经营。

（三）案例关键点明细

【第一年】

第一年的关键动作节点数据见表 9-4。从中可以了解并直观地看出本方案中资金需求及现金流量的主要组成。年初进行订单选取，选取订单时只能选取产品 P3，故需多投促销广告。本年共需接到 32 个 P3 的产品订单，年初于国内市场投入 300 万元广告费用，并开拓全部市场及研发 ISO9000 和 ISO14000。

表 9-4　第一年的关键动作节点数据　　　　　　　　　　单位：万元

关键动作节点	数据	关键动作节点	数据
初始资金	700	买租厂房	-500
研发 ISO	-60	转产/技改	160
广告费	905	建生产线	-1 200

续表

关键动作节点	数据	关键动作节点	数据
所得税	195.5	原料	1 440
产品研发	-80	开始生产	360
贴现	443	应收账款	944
贴现费用	-44	违约金	
长贷还款		紧急采购	
长贷利息		管理费用	-60
申请长贷	300	维护费	
短贷还款		计提折旧	
申请短贷	1 800	期末余额	775

第一年根据方案规划购买 A、B 两个厂房,并建立 8 条自动生产线,同时进行 P3 的产品研发。

年中研发 P3 产品及生产线建立完成后,开始生产产品 P3,并在生产产品 P3 的同时研发产品 P4 和 P5,经过四轮生产完毕,可按期交 32 个 P3 产品订单。

本案例第一年综合费用表、利润表、资产负债表数据如图 9-3 所示。

综合费用表		利润表	
项目	金额/万元	项目	金额/万元
管理费	60	销售收入	3 728
广告费	905	直接成本	1 440
设备维护费	0	毛利	2 288
转产/技改费	160	综合管理费用	1 265
租金	0	折旧前利润	1 023
市场准入开拓	20	折旧	0
产品研发	80	支付利息前利润	1 023
ISO认证资格	40	财务费用	44
信息费		营业外收支	
损失		税前利润	979
工资及福利		所得税	195.8
费用合计	1 265	净利润	783.2

资产负债表					
资产	期初数	期末数	负债和权益	期初数	期末数
流动资产			负债		
现金	700	775	长期负债		300
应收款		944	短期负债		1 800
在制品		360	应付款		0
产成品		0	应交税金		195.8
原料		0	负债合计	0	2 295.8
流动资产合计		2 079			
固定资产			所有者权益		
土地和建筑		500	股东资本		700
机器与设备		1 200	利润留存		0
在建工程		0	年度净利		783.2
固定资产合计		1 700	所有者权益合计	0	1 483.2
资产总计	0	3 779	负债和权益	0	3 779

图 9-3 第一年财务三表

年底，在选中的市场投放 500 万元战略广告费，在年末填写岗位报表，第一年经营结束。同时，要安排第二年的经营，预计可在第二年年初新建 8 条柔性线用于生产产品 P4 和 P5。

从图 9-4 所示数据可以看出第一年销售 P3 的收入与成本费用的占比情况，还可以发现，目前材料成本和广告费占据投入的很大部分。

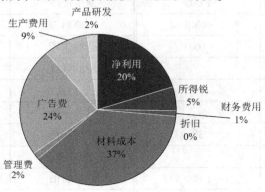

图 9-4　第一年 P3 产品收入费用比例

【第二年】

第二年年初，选取订单时除了选取 P3 产品的订单外，还应选取柔性线所生产出的 P4 和 P5 产品的订单。

第二年选择新建较为灵活的柔性线，产品生产灵活则方便在订单选取时根据产品订单的分布安排公司的生产计划。因为生产线转产力灵活，所以可以降低公司积压库存的风险。

第二年年初进行订单选取，选取订单时重点给 P3 产品订单，接后期 P4 和 P5 的订单。本年共接到 40 个 P3 产品订单和 8 个 P4 产品订单，并开拓未开拓完成的市场及研发 ISO14000。

第二年根据方案规划购买 C、D 两个厂房，并建立 8 条柔性生产线，进行 P4 和 P5 的后期研发。

年中产品研发 P4、P5 及生产线建设完成后，开始生产，P4 和 P5 经过六轮生产完毕，可以交 40 个 P3 产品订单和 8 个 P4 产品订单，库存 8 个 P3 产品，在制 8 个 P3 和 8 个 P5 产品，并在年底于选中的市场投放 600 万元战略广告费，制定下年经营方案。

生产线满线后，除了固定的自动线只生产 P3 以外，柔性线产品生产灵活，可在订单选取时根据产品订单的分布安排本公司本年的生产。

第二年的关键动作节点数据如表 9-5 所示。从中可以了解并直观地看出第二年本案例加大了公司生产线的投入，并通过增加广告提升公司市场地位。

表9-5 第二年的关键动作节点数据   单位：万元

关键动作节点	数据	关键动作节点	数据
初始资金	775	买租厂房	1 000
研发ISO	20	转产/技改	120
广告费	1 005	建生产线	1 600
所得税	463.8	原料	3 264
产品研发	160	开始生产	752
贴现		应收账款	1 224
贴现费用		违约金	
长贷还款		紧急采购	
长贷利息	30	管理费用	60
申请长贷		维护费	120
短贷还款	1 890	计提折旧	180
申请短贷	3 900	期末余额	1 974.2

本案例第二年综合费用表、利润表、资产负债表如图9-5所示。

综合费用表		利润表	
项目	金额/万元	项目	金额/万元
管理费	60	销售收入	7 416
广告费	1 005	直接成本	3 192
设备维护费	120	毛利	4 224
转产/技改费	240	综合管理费用	1 605
租金	0	折旧前利润	2 619
市场准入开拓	20	折旧	180
产品研发	160	支付利息前利润	2 439
ISO认证资格	0	财务费用	120
信息费		营业外收支	
损失		税前利润	2 319
工资及福利		所得税	463.8
费用合计	1 605	净利润	1 855.2

资产负债表					
资产	期初数	期末数	负债和权益	期初数	期末数
流动资产			负债		
现金	775	1 974.2	长期负债	300	300
应收款	944	1 224	短期负债	1 800	3 900
在制品	360	824	应付款	0	0
产成品	0	360	应交税金	195.8	463.8
原料	0	0	负债合计	2 295.8	4 663.8
流动资产合计	2 079	4 382.2			
固定资产			所有者权益		
土地和建筑	500	1 000	股东资本	700	700
机器与设备	1 200	2 620	利润留存	0	783.2
在建工程	0	0	年度净利	783.2	1 855.2
固定资产合计	1 700	3 620	所有者权益合计	1 483.2	3 338.4
资产总计	3 779	8 002.2	负债和权益合计	3779	8 002.2

图9-5 第二年财务三表

如图9-6所示，可以看出第二年销售P3和P4产品收入成本费用占比情况，也可以发现目前材料成本仍占投入的大部分，但广告费用成本降低，净利润增长。

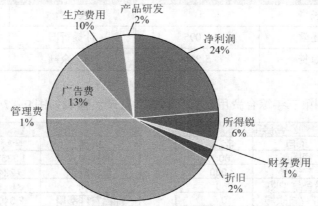

图9-6 第二年收入成本费用占比

【第三年】

第三年年初进行订单选取，选取订单时只接8自产出的P3产品，柔性线在P4和P5产品中选择价格高、账期好的订单。本年共接到56个P3产品、36个P4产品、28个P5产品。第三年开始生产线满线8条自动线8条柔性线，且现金多，贷款多，现金流不紧张。接单时应尽可能选取价格高账期好的订单。

第三年年末为了巩固国际市场的知名度排名，只在国际市场投入2 000万元战略广告，并填写报表安排下一年经营。

如表9-6所示的数据是本案例第三年关键动作节点的数据。根据表中广告费、原料两项数据得出结论：第三年为公司快速成长期，继续加大市场广告的投入及增加公司生产力的方法可以使公司在第三年销售额及利润快速成长。

表9-6 第三年的关键动作节点数据　　　　　　　　　　单位：万元

关键动作节点	数据	关键动作节点	数据
初始资金	1 974.2	买租厂房	1 000
研发ISO		转产/技改	
广告费	2 000	建生产线	
所得税	1 125.2	原料	5 568
产品研发		开始生产	1 072
贴现		应收账款	4 200
贴现费用		违约金	
长贷还款	300	紧急采购	
长贷利息	30	管理费用	60

续表

关键动作节点	数据	关键动作节点	数据
申请长贷		维护费	280
短贷还款	4 095	计提折旧	420
申请短贷	5 820	期末余额	5 007.4

本案例第三年综合费用表、利润表、资产负债表如图9-7所示。

综合费用表

项目	金额/万元
管理费	60
广告费	2 000
设备维护费	280
转产/技改费	0
租金	0
市场准入开拓	0
产品研发	0
ISO认证资格	0
信息费	
损失	
工资及福利	
费用合计	2 340

利润表

项目	金额/万元
销售收入	13 835
直接成本	5 224
毛利	8 611
综合管理费用	2 340
折旧前利润	6 271
折旧	420
支付利息前利润	5 851
财务费用	225
营业外收支	
税前利润	5 626
所得税	1 125.2
净利润	4 500.8

资产负债表

资产	期初数	期末数	负债和权益	期初数	期末数
流动资产			负债		
现金	1 974.2	5 007.4	长期负债	300	0
应收款	1 224	3 977	短期负债	3 900	5 820
在制品	824	824	应付款	0	0
产成品	360	1 776	应交税金	463.8	1 125.2
原料	0	0	负债合计	4 663.8	6 945.2
流动资产合计	4 382.2	11 584.4			
固定资产			所有者权益		
土地和建筑	1 000	1 000	股东资本	700	700
机器与设备	2 620	2 200	利润留存	783.2	2 638.4
在建工程	0	0	年度净利	1 855.2	4 500.8
固定资产合计	3 620	3 200	所有者权益合计	3 338.4	7 839.2
资产总计	8 002.2	14 784.4	负债和权益合计	8 002.2	14 784.4

图9-7 第三年财务三表

根据图9-8显示数据可以看出，本案例在第三年主要产品销售毛利来源于P3产品，符合本案例选择P3产品的初衷，而且经过第二年的研发新产品，P4和P5两个产品也为本年提供了一半的销售毛利。

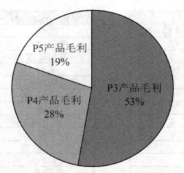

图9-8 第三年主要产品销售毛利占比

【第四年】

第四年年初进行订单选取，国际市场知名度排名取得第一名，选取订单时只接8个P3产品，但因为国际市场最晚交货的P3产品为11月，实际产出有12月的P3产品，库存8个P3产品，第四年的P5产品为利润最高的产品，所以将市场的所有的28个P5全部选取，其他用P4产品补充，本年共接到40个P3产品订单、28个P4产品订单和28个P5产品订单。

如图9-7所示的数据是本案例第四年关键动作节点的数据。从中可以看出第四年公司投入最大的在于购买原料，其他基础投入都已在前三年完成。第四年公司处在稳步发展、快速投资回收期。

表9-7 第四年的关键动作节点数据　　　　　　　　　　　　　单位：万元

	数据		数据
初始资金	5 007.4	买租厂房	1 000
市场ISO		转产/技改	
广告费		建生产线	
所得税	1 756.8	原料	3 936
产品研发		开始生产	840
贴现		应收账款	4 173
贴现费用		违约金	
长贷还款		紧急采购	
长贷利息		管理费用	60
申请长贷		维护费	280
短贷还款	6 111	计提折旧	420
申请短贷	5 820	期末余额	14 806.2

如图9-9所示数据为本案例第四年综合费用表、利润表、资产负债表。从利润表中销售收入可以看出本年公司销售能力到达顶峰。

综合费用表	
项目	金额/万元
管理费	60
广告费	0
设备维护费	280
转产/技改费	0
租金	0
市场准入开拓	0
产品研发	0
ISO认证资格	0
信息费	
损失	
工资及福利	
费用合计	340

利润表	
项目	金额/万元
销售收入	16 027
直接成本	6 192
毛利	9 835
综合管理费用	340
折旧前利润	9 495
折旧	420
支付利息前利润	9 075
财务费用	291
营业外收支	
税前利润	8 784
所得税	1 756.8
净利润	7 027.2

资产负债表					
资产	期初数	期末数	负债和权益	期初数	期末数
流动资产			负债		
现金	5 007.4	14 306.2	长期负债	0	0
应收款	3 977	4 173	短期负债	5 820	5 820
在制品	824	0	应付款	0	0
产成品	1 776	1 184	应交税金	1 125.2	1 756.8
原材料	0	0	负债合计	6 945.2	7 576.8
流动资产合计	11 584.4	19 663.2			
固定资产			所有者权益		
土地和建筑	1 000	1 000	股东资本	700	700
机器与设备	2 200	1 780	利润留存	2 638.4	7 139.2
在建工程	0	0	年度净利	4 500.8	7 027.2
固定资产合计	3 200	2 780	所有者权益合计	7 839.2	14 866.4
资产总计	14 784.4	22 443.2	负债和权益合计	14 784.4	22 443.2

图 9-9　第四年财务三表

根据图 9-10 显示数据可以看出，P4 和 P5 两种产品经过第二年的研发和第三年的前期投资回收，在第四年的主要产品毛利占比情况较之前有了很大提升，第四年 P4 产品的销售明显是本年的重点，P5 产品毛利占比也比第三年提升了 8 个百分点，P3 产品的销售毛利情况继续平稳，但可以看出公司发展重点已由 P3 产品转移到 P4 和 P5 两个产品。

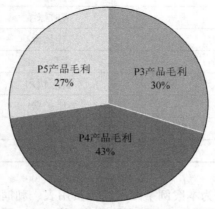

图 9-10　第四年主要产品销售毛利占比

四、案例总结

在分析好本次比赛的规则、预测后，发现 P3 产品前期利润最高，国内市场 P3 产品的需求量较大，利润较高；自动线安装周期较短，投资花费较少，本规则适合 8 条自动线开局；后期，P5 产品的利润最高；柔性线安装周期较长，第一年不适合用柔性线开局。年初选取市场合适，第一年经营较好，没有库存，为后几年的经营进行了一个好的铺垫。在投放广告时尽量于一个市场投放，巩固一个市场的知名度排名，争取一个市场的第一名选单；后期增加柔性线，逐渐增加 P4 和 P5 产品的产能。故由此分析，做好市场预测分析和第一年经营尤为重要。

参 考 文 献

[1] 张前. ERP 沙盘模拟实战 [M]. 北京：人民邮电出版社，2017.

[2] 何虹，庄洪. ERP 公司经营管理沙盘模拟实训教程 [M]. 北京：北京交通大学出版社，2011.

[3] 陈国霖. ERP 沙盘模拟公司经营实训教程 [M]. 2 版. 北京：北京交通大学出版社，2013.

[4] 何晓岚，钟小燕. ERP 沙盘模拟指导教程——实物＋电子＋人际对抗 [M]. 北京：清华大学出版社，2016.

[5] 万珊. ERP 应用技能 [M]. 北京：北京理工大学出版社，2016.

[6] 罗鸿. ERP 原理·设计·实施 [M]. 北京：电子工业出版社，2016.

[7] 封自勇. ERP 沙盘实战演练 [M]. 北京：经济管理出版社，2015.

[8] 闪四清. ERP 系统原理和实施 [M]. 北京：清华大学出版社，2017.

[9] 赵建新. 用友 ERP 供应链管理系统实验教程 [M]. 北京：清华大学出版社，2012.

[10] 石贤超. 用友 ERP 公司经营沙盘模拟实训教程 [M]. 北京：北京理工大学出版社，2016.

[11] 易诗莲. ERP 沙盘模拟实训教程 [M]. 北京：北京理工大学出版社，2015.

[12] 王新玲，郑文超. ERP 沙盘模拟高级指导教程 [M]. 北京：清华大学出版社，2014.

[13] 张健，陈明. ERP 沙盘模拟实训教程 [M]. 北京：化学工业出版社，2009.

[14] 马小然. ERP 沙盘模拟公司经营实训教程 [M]. 北京：中国财政经济出版社，2018.

[15] 周玉清，刘伯莹，周强. ERP 原理与应用简明教程 [M]. 北京：清华大学出版社，2016.

[16] 何晓岚，金晖. 商战实践平台指导教程 [M]. 北京：清华大学出版社，2017.

[17] 谢丹. ERP 沙盘模拟实训教程 [M]. 北京：科学出版社，2018.

[18] 何晓岚. ERP 沙盘模拟实用教程 [M]. 北京：北京航空航天大学出版社，2010.

[19] 李建春，崔忠亮. ERP 原理及实训 [M]. 北京：北京交通大学出版社，2014.